ACCESO GRATIS *a la Lectura en la Nube*

Para visualizar el libro electrónico en la nube de lectura envíe junto a su nombre y apellidos una fotografía del código de barras situado en la contraportada del libro y otra del ticket de compra a la dirección:

ebooktirant@tirant.com

En un máximo de 72 horas laborales le enviaremos el código de acceso con sus instrucciones.

CONSTITUCIONALISMO, INTERPRETACIÓN Y PODER JUDICIAL

Pautas para su estudio desde lo local

CONSTITUCIONALISMO, INTERPRETACIÓN Y PODER JUDICIAL

Luis Eusebio Alberto Avendaño González

UNIVERSIDAD AUTÓNOMA
DE QUERÉTARO

tirant lo blanch
Ciudad de México, 2024

En caso de erratas y actualizaciones, la Editorial Tirant lo Blanch publicará la pertinente corrección en la página web www.tirant.com/mex/

Este libro será publicado y distribuido internacionalmente en todos los países donde la Editorial Tirant lo Blanch esté presente.

Esta obra fue dictaminada rigurosamente y por arbitraje de pares académicos, y aprobada para su publicación por el comité científico de la Editorial Tirant Lo Blanch

DISTRIBUYE: TIRANT LO BLANCH MÉXICO
Av. Tamaulipas 150, Oficina 502
Hipódromo, Cuauhtémoc
06100 Ciudad de México
Telf.: +52 1 55 65502317
infomex@tirant.com
www.tirant.com/mex/
www.tirant.es
ISBN: 978-84-1056-666-8
MAQUETA: Innovatext

Si tiene alguna queja o sugerencia, envíenos un mail a: *atencioncliente@tirant.com*. En caso de no ser atendida su sugerencia, por favor, lea en *www.tirant.net/index.php/empresa/politicas-de-empresa* nuestro procedimiento de quejas.

Responsabilidad Social Corporativa: http://www.tirant.net/Docs/RSCTirant.pdf

A Dios, siempre.

Al Doctor Edgar Pérez González.

A mi familia.

A Mia.

A mis profesores.

A mis alumnos.

Índice

Presentación

La amable petición que me hizo el Dr. Luis Avendaño de realizar una presentación de uno más de sus libros me complace ya que he seguido su trayectoria desde que realizamos los estudios del doctorado en Derecho y posteriormente como colaboradores en la Facultad de Derecho de la Universidad Autónoma de Querétaro y en la actualidad seguimos compartiendo espacios académicos en el programa de posgrado en Ciencias Jurídicas de la misma Facultad.

Los avances y desarrollo profesional del Dr. Luis se han materializado en su permanencia en el Sistema Nacional de Investigadores a lo largo de más de diez años.

El libro que presenta del Dr. Luis Avendaño contiene cuatro capítulos. En el primer capítulo nos menciona la importancia de la transición que se realizó en términos de una normatividad establecida por la corona española, hasta la conformación de un nuevo entramando jurídico que sería el sustento y fundamento jurídico-político del nuevo Estado Nación que se autodenomino Imperio Mexicano.

En este capítulo podemos notar de forma directa el papel que tiene la historia en la conformación de un andamiaje institucional, en el sentido que estos organismos obedecen a las necesidades concretas y específicas de cada pueblo.

El proceso de formación del Estado mexicano estuvo sujeto a los momentos políticos y jurídicos que se fueron presentando en la construcción de la vida institucional y a la creatividad de actores que estuvieron involucrados en las situaciones concretas que tenían que ir resolviendo, en algunas ocasiones apoyados en normas jurídicas que prevalecían de la época de la colonia y otras más como la necesidad de resolver los obstáculos que se iban presentando.

El proceso de transición fue lento, después de trecientos años de colonia, nos ponía ante un país muy grande y con conflictos y culturas diversas, entre ellas están las cuestiones de los impuestos y buscar la manera de que el nuevo Estado pudiera solventar las necesidades más inmediatas tanto a nivel central como en las entidades federativas.

El Dr. Avendaño nos menciona en este primer capítulo la relación de dominio que existía entre la iglesia católica y la educación. El nuevo Estado pretendió eliminar ciertos fueron que tenían los eclesiásticos, sin embargo, tardarían varios años para que estos fueran reducidos y lograr establecer un aparato institucional, el ministerio de educación pública, a través de un primer modelo que permitía la masificación de la enseñanza bajo la responsabilidad de la Compañía Lancasteriana. Este primer capítulo concluye poniendo de manifiesto como desde el origen del Estado mexicano surgen conflictos políticos entre visiones y perspectivas de diferentes grupos y clases sociales hacia la conformación de la Nación mexicana.

En el segundo capítulo el Dr. Luis Avendaño aborda la problemática de cómo se ha dado la conformación de la Suprema Corte de Justicia de la Nación en sus diferentes periodos históricos, hace un minucioso recorrido desde 1917 hasta las últimas reformas de 1994. Además, menciona los requisitos y procedimientos que deben cumplir los aspirantes para ser ministros y conformar o ser parte de la Suprema Corte.

El planteamiento está en torno a cómo los ministros como seres sociales están inmersos en una dinámica social y política que no se pueden librar total y absolutamente. Esta consideración es importante ya que en su práctica de impartidores de justicia se refleja toda una carga de determinaciones sociales y políticas. Aquí es importante como ligar la lógica del sistema político mexicano y el papel que ha desempañado a lo largo de muchos años el poder judicial, ya que como lo señala el Dr. Avendaño éste último poder ha sido una pieza más del partido dominante, en el sentido que van siendo acordes a los gobiernos en turno, o en su mayoría de cosas se han subordinado al poder ejecutivo, conviene señalar como lo decía Daniel Cosío Villegas en su libro del Sistema Político Mexicano (1972), que los pilares del sistema estaban sustentados en el presidente de la república y el partido político (PRI).

En el contexto político y jurídico que nos expone el Dr. Avendaño es que podemos entender que la conformación de la Suprema Corte de Justicia de la Nación tenía ciertos perfiles de los ministros y cómo los gobiernos en turno contaban con el apoyo del Poder Judicial para impulsar su visión de desarrollo. Este caminar acorde entre poder ejecutivo y judicial fue dando ciertas prerrogativas a los integrantes del poder judicial que los ha llevado al convencimiento de que son una parte igualitaria que los otros poderes, nada más que con ciertos privilegios que los otros dos poderes no los tienen.

El capítulo se cierra exponiendo el Dr. Avendaño que "La ética y la ideología son instrumentos por virtud del cual es posible no solo interpretar sino incluso modular y dar sentido a la Constitución mexicana, y a partir de entonces no solo calificarla como norma sino como principio. Ello, dado que los conflictos no son exclusivamente normativos sino de principio, es decir, los conflictos constitucionales son éticos y morales, y a partir de entonces es necesario que los intérpretes de la Constitución también sean también morales, es decir éticos y justos, para consecuencia de ello se construya una teoría que no descanse exclusivamente en lo político sino en lo moral".

Las constituciones políticas como base de un orden jurídico no siempre han sido uniformes, ni han respondido a situaciones específicas de una nación, siempre han sido producto de luchas internas entre grupos o clases sociales de cada país, pretendiendo que se plasme en dicha constitución ciertas prerrogativas o derechos que les favorezcan a su modo de vida. Esta contrariedad como lo dice el Dr. Luis Avendaño ha dado paso a ciertas corrientes de interpretación de las constituciones, en donde en un tiempo específico prevalece el punto de vista de ciertos grupos que legitiman y se empoderan en términos de poder político y económico. Por lo que las constituciones pueden llegar a reflejar tan sólo un ideal político o societario, convirtiéndose "como primordial manifestación del sistema de valores", señala el Dr. Avendaño en este capítulo.

Además, en este capítulo se hace un amplio planteamiento sobre el principio de igualdad y sus implicaciones dentro de un sistema jurídico y el lugar que tiene dentro de los valores centrales de los derechos fundamentales. Este principio de igualdad tiene su contrario que es el de desigualdad y el Dr. Luis nos comenta estas desigualdades o contradicciones dentro de la constitución mexicana.

El conflicto de las desigualdades normativas dentro de un régimen democrático siempre causara preocupación, ya que estos regímenes buscan la igualdad, sin embargo, no han avanzado en alternativas por una sola vía, entonces el planteamiento se abra una transformación social que lleve a una vida digna. De lo contrario se estarán en dos mundos que caminan paralelamente sin lograr juntar y poder resolver realmente el problema de la sociedad y por lo tanto en el campo propiamente jurídico seguirán discutiendo en lo abstracto principios éticos que poco tienen que ver con la realidad efectiva.

En el capítulo cuarto se aborda la temática sobre el papel de la constitución reconocida tradicionalmente como la norma de las normas. El Dr. Avendaño profundiza en su análisis poniendo en primer plano que la constitución debe ser la que de sustento y fundamento al orden jurídico de una nación, a su vez reflexiona sobre el papel formal de la constitución en relación con expresar los anhelos de la nación y quedarse en un plano abstracto que en algunos casos tienen poco que ver con la realidad que viven cotidianamente los ciudadanos de una nación.

El planteamiento de que en el caso de México que existe un orden federal, se pregunta el Dr. Luis qué papel desempeñan las constituciones locales y qué atributos formales y legales les corresponde. De entrada, señala que esta parte específica que se ha dedicado al estudio de las constituciones locales, se le ha denominado Constitucionalismo Local, que ha permitido conocer y estudiar a profundidad la estructura y organización de los poderes en cada entidad federativa. Aborda la parte que corresponde el estudio del constitucionalismo local y lo que le concierne, a la forma y estructura de los órganos autónomos y profundiza en el poder judicial local, donde va fundando y exponiendo las facultades y requisitos para integrar las diferentes responsabilidades dentro de la estructura organizativa de este poder. El Dr. Avendaño señala que "El poder judicial local organizado y dotado de autonomía, constituye el agente de contención social más importante de la estructura del poder público en el Estado..." y más adelante concluye "...el sentido del diseño institucional del poder judicial local como parte de la reforma del estado, la cual debe ser vertical, pero en sentido ascendente, es decir, de lo local a lo federal. En donde las realidades y circunstancias locales diseñen el espectro de justicia nacional".

En este recorrido que se hizo de los componentes del presente libro del Dr. Luis Avendaño González, deja de manifiesto un recorrido por las discusiones actuales de la ciencia jurídica y los problemas que tenemos que seguir abordando, las tareas que lleven a la construcción de nuevas miradas y perspectivas sobre la ética, los derechos fundamentales, el diseño institucional, el papel de la historia en la conformación de nuestra vida institucional y sobre todo la función social del derecho en una sociedad que está cambiando a cada momento en el cual se requiere de estudio y reflexión para poder corresponder de manera adecuada a la realidad social.

Dr. Gerardo Hernández Aguilar

Noviembre de 2023

Introducción

El estudio contemporáneo de la norma fundamental en México se ha explicado a partir de la idea del neoconstitucionalismo[1]. Bajo este modelo, una Constitución debe separar las funciones para ejercer el poder, reconocer y garantizar los derechos fundamentales, encauzar las negociaciones propias del juego político, sumar e incluir las fuerzas reales de la sociedad participativa y estructurar el principio de jerarquía normativa de la Constitución como norma de normas. En síntesis, apertura en abstracto una multiplicidad de expectativas como punto de equilibrio[2], dentro de un Estado constitucional democrático.

En nuestro país históricamente el texto constitucional y la eficacia de los derechos fundamentales han encontrado problemas para instaurarse en un sistema democrático[3]. En el mismo sentido, el régimen federal se traduce en una precisa atribución de competencias materializadas en la fórmula de justicia debe ser formulada de la siguiente manera: federalismo es igual a distribución y eficacia de las competencias previstas constitucionalmente a efecto de garantizar una correcta protección del pueblo[4].

---

1 Manuel Atienza, El sentido del Derecho, Ariel, Barcelona, 2001, pp. 309-310.

2 Josep Aguiló, Sobre el constitucionalismo y la resistencia constitucional, Isonomía, Alicante, núm. 26, 2003, p. 289.

3 El sistema político-jurídico, representaba un discurso revolucionario permanente, el autoritarismo y cacicazgos sectoriales; un partido político único; control de sindicatos y empresas; de medios de comunicación; la definición de diputados, senadores, gobernadores y la designación de los ministros de la Suprema Corte.

4 Ver CONTROVERSIA CONSTITUCIONAL. LA FINALIDAD DEL CONTROL DE LA REGULARIDAD CONSTITUCIONAL A CARGO DE LA SUPREMA CORTE DE JUSTICIA DE LA NACIÓN INCLUYE

Los ensayos que forman parte de este libro, fueron diseñados en diferentes momentos, por ello el lector podrá identificar algún tipo de elemento que no resulta contemporáneo, pero que permite dimensionar la evolución constitucional, la interpretación y dimensiones del Poder Judicial como interprete último y arquitecto de la dogmática jurídica mexicana.

Los mismos, aunque modificados constituyen documentos que fueron arbitrados por instancias nacionales o internacionales. Por ello, describo los fundamentos de la institucionalidad nacional, su transición con motivo de la reforma constitucional de 1994, la interpretación contemporánea y por último, la participación a que están llamados a ejercer los Poderes Judiciales Locales, como agentes de in incipiente control difuso de la constitucionalidad.

El primer capítulo denominado **EL ORIGEN DE LA NUEVA INSTITUCIONALIDAD MEXICANA (1821-1822). LOS FUNDAMENTOS DEL PODER JUDICIAL**, tiene por objeto describir que muchas fueron las circunstancias y problemas que desataron el movimiento de Independencia de las colonias de la nueva España, y como a la conclusión de ésta, con motivo de la firma del Acta de Independencia del 28 de septiembre de 1821 surgieron diversos problemas, por cuanto a definir elementos que permitieran identificar nuevas formas de organización que garantizaran la independencia de España, el bienestar de los habitantes y la consolidación de una nueva nación que significara la transición de la monarquía católica a una república criolla.

El periodo de 1821 a 1822, comprende la ruta que va desde la firma de la independencia, el primer imperio mexicano y la descripción de algunos elementos de la realidad social que permiten distinguir la ruta hacia el proyecto fundacional como un nuevo estado nación.

TAMBIÉN DE MANERA RELEVANTE EL BIENESTAR DE LA PERSONA HUMANA SUJETA AL IMPERIO DE LOS ENTES U ÓRGANOS DE PODER. [J]; 9a. Época; Pleno; S.J.F. y su Gaceta; Tomo X, Septiembre de 1999; Pág. 708. P./J. 101/99.

En el caso de México, la consumación de su independencia supuso, la construcción de su Estado-nación, liberal, burgués, la adopción de la República como forma de gobierno y la asunción del federalismo, el cual no fue parcialmente consolidado sino hasta la constitución de 1824[5].

Los orígenes de ese federalismo y de ese Estado liberal no tuvo que buscarse en los movimientos insurgentes de principios de siglo XIX sino en las propuestas autonomistas que los diputados novohispanos en particular y americanos en general, realizaron en su participación en las Cortes de Cádiz.

De este modo, la legislación gaditana y la Constitución de 1812 fueron los referentes a través de los cuales los "intelectuales orgánicos" en el México independiente construirán su propio Estado. Así, desde 1821 hasta finales de 1823 el Estado-nación mexicano se construye desde el legado gaditano, desde la adopción de nuevas formas de identidad propia y desde el mantenimiento de pervivencias coloniales que durante la República serán suprimidas.

Lo anterior, supuso no un rompimiento con el pasado de forma abrupta, sino una transición, en donde muchas figuras y normatividades —ya existentes— se aplicaron de forma simultánea hasta la configuración de formas de identidad propias. Es decir, aunque incipiente el modelo de justicia en nuestro país tu un origen local.

---

5 El sistema que establece la Constitución respecto a la distribución de facultades entre los órdenes federal y local, genera la consecuencia de que ambos órdenes son coextensos, de idéntica jerarquía, por lo que uno no puede prevalecer por sí mismo sobre el otro. Así, el sistema federal tiene por características fundamentales, el reparto o división de competencias entre la federación y las entidades, la nulidad de aquellas leyes que fueran en contra del texto constitucional y, como piedra angular del federalismo, la competencia de los tribunales judiciales para declarar la nulidad de los actos contrarios al reparto constitucional de competencias, así la Constitución Federal divide el ejercicio de la soberanía nacional entre la federación y los estados de la república.

Aquí, es donde afirmo que el sistema judicial existente en la nueva España era funcional, ya que tenía como fundamento la legislación Indiana. Desde 1821 hasta finales de 1823 el Estado-nación mexicano se construye desde el legado gaditano. Las Cortes gaditanas tuvieron un sello liberal. Su propuesta era instituir los grandes principios de la igualdad, la libertad, y la propiedad como ejes para la construcción de una sociedad igualitaria, que rompiera los viejos esquemas estamentarios, los fueros y los privilegios, pero también se atacaba el absolutismo.

En el capítulo segundo **INTERPRETACIÓN E IDEOLOGÍA CONSTITUCIONAL. UNA PROPUESTA DE ESTUDIO A LAS DECISIONES JUDICIALES,** muestro como las decisiones judiciales transitan no solo por el binomio interpretación aplicación del derecho, sino de igual forma por la ideología que subyace a los operadores mismos. Dotar de sentido a las normas constitucionales, transita no solo por desentrañar, sino por asignarles un significado ideológico, jurídico y político a la norma constitucional, circunstancia que en México recae en los ministros que integran el Pleno de la Suprema Corte de Justicia.

Lo anterior, tuvo como fundamento un momento histórico y jurídico particular, la reforma a la constitución federal de 1994, la cual reconfiguró totalmente al Poder judicial federal, llamando a una nueva conformación material y competencial. Además, de crear al Consejo de la Judicatura Federal como órgano constitucional depositario de las funciones administrativas, de vigilancia y disciplinarias del Poder Judicial de la Federación, con excepción de la Suprema Corte de Justicia de la Nación[6]. Lo anterior,

---

6 Los eventos políticos y sociales que precedieron a la reforma constitucional que reconfiguró al Poder Judicial Federal de 1994 fueron complejos —el 1° de enero surge el EZLN como oposición al inicio de vigencia del TLCAN; en marzo muere el candidato del partido oficial Luis Donaldo Colosio y en septiembre el ex gobernador de Guerrero y secretario general del PRI José Francisco Ruiz Massieu— a pesar de tales consideraciones el PRI pudo retener la presidencia de la república.

permitió reservar en el máximo tribunal del país exclusivamente funciones judiciales, trasladando las administrativas a un órgano de naturaleza diversa.

En materia jurisdiccional, además de las funciones con las que ya contaba el Pleno de la Corte con motivo de la reforma, se añadieron las de un 'modelo de tribunal constitucional', así mismo el Pleno se reservó el monopolio de la interpretación de la Constitución mediante el conocimiento en última instancia de los juicios de amparo en revisión, las Controversias constitucionales y las acciones de inconstitucionalidad.

De igual modo, la creación de criterios ideológicos y éticos propios a partir de la conformación de la 9ª época en criterios jurisprudenciales. En síntesis, se crearon instrumentos eficientes de control constitucional que permitieron establecer un equilibrio dentro de un sistema de frenos y contrapesos de los poderes públicos.

Por último, en materia administrativa y con la intención de despresurizar las funciones judiciales de las de gestión, se creó el Consejo de la Judicatura del Poder Judicial de la Federación[7] con el objeto de aplicar las políticas, normas y lineamientos orientados a regular la administración, vigilancia, disciplina y carrera judicial del Poder Judicial de la Federación, con excepción de la Suprema Corte de Justicia de la Nación y del Tribunal Electoral, coadyuvando a la impartición de justicia ejercida a través de los juzgados de Distrito, tribunales Colegiados de Circuito y tribunales Unitarios de Circuito.

---

7 Ver CONSEJO DE LA JUDICATURA FEDERAL. ES IMPROCEDENTE EL JUICIO DE AMPARO EN CONTRA DE LAS RESOLUCIONES QUE EMITA EN EJERCICIO DE LAS ATRIBUCIONES QUE LEGALMENTE LE HAN SIDO CONFERIDAS. Época: Novena Época Segunda Sala, Tesis: Aislada, Semanario Judicial de la Federación y su Gaceta, Tomo XIV, Agosto de 2001, Materia(s): Administrativa, Tesis: 2a. CXXXIII/2001, p. 213.

La reforma y su implementación, constituyen el eslabon de la justicia legal a la constitucional de derecho en nuestro país.

El capítulo tercero **CONTRADICCIONES DE LA INTERPRETACIÓN CONSTITUCIONAL,** constituye técnicamente el de mayor fortaleza técnica, y tiene por objeto describir que en la teoría jurídica contemporánea la configuración constitucional estructura la plataforma para la garantía de los derechos y libertades. El punto inicial de la reflexión converge en exponer que el edificio teórico actualmente identifica la importancia de los derechos fundamentales en un Estado democrático. Por consiguiente, el diseño constitucional principalista así como la interpretación judicial progresista contribuyen a reflejar una fidelidad teórica precisamente del exterior hacia el interior del texto normativo supremo. Entonces, el presente trabajo tiene como el objetivo primordial demostrar que la Carta Magna en su contexto, requiere integrar la coherencia interna en base a la igualdad, para equilibrar los postulados de contenido en una democracia germinal.

Por último, el capítulo cuarto **ESTRUCTURA INSTITUCIONAL DEL PODER JUDICIAL LOCAL,** señala como la justicia en casi todas las entidades federativas se deposita en muy diversos órganos, a partir de lo cual se puede inferir constitucionalmente la existencia del Poder Judicial Administrativo y Poder Judicial organizado.

Lo anterior cobra sentido, ya que las reformas constitucionales recientes en diversas materias —penal, derechos humanos, transparencia y laboral— han generado una transición total en el andamiaje jurídico mexicano. Lo anterior, ha significado que el Poder Judicial organizado desde lo Local cada día resienta una modificación no solo sustantiva en cuanto a la aplicación del derecho, sino también administrativa y organizacional.

Por lo anterior, dicho capitulo establece los alcances a que está llamado a ejercer dicho poder a partir dos consideraciones: la primera, en la distinción de funciones entre el poder judicial organizado y el poder judicial administrativa; la segunda, la eficiencia cualitativa y cuantitativa, tomando como referencia los resultados del Censo Nacional de Impartición de Justicia Estatal 2021.

Por último, quiero agradecer a quienes me apoyaron en la revisión de diversas partes de este documento, y a quienes debo una profunda admiración y respeto, al doctor Edgar Pérez González, Director de la Facultad de Derecho. Gracias, y mil más, porque nadie me ha apoyado académica y profesionalmente como usted; al doctor Gerardo Hernández Aguilar, por su sabiduría y sencillez. Mi amigo y Maestro; al doctor Ramsés Montoya Camarena, el mejor jurista joven del país; a mi amiga Gaby Martínez, por su apoyo incondicional y siempre constante para obligarme a terminar mis compromisos académicos; a mi familia, mis padres, hermanos e hijos; y claro siempre a mi Vero, compañera de vida, confidente, mi todo.

Capítulo I

El origen de la nueva institucionalidad mexicana (1821-1822). Los fundamentos del poder judicial

1.1. INTRODUCCIÓN

En el proceso de formación del estado y de la nación, muchas fueron las circunstancias y problemas que desataron el movimiento de Independencia de las colonias de la nueva España. A la conclusión de ésta, surgieron diversos problemas, algunos añejos, otros nuevos por cuanto a definir elementos que permitieran identificar nuevas formas de organización que garantizaran la independencia de España, el bienestar de los habitantes y la consolidación de una nueva nación que significara la transición de la monarquía católica a una república criolla[8].

El presente estudio refiere el año de 1821 a 1822, el cual comprende la ruta que va desde la firma de la independencia, el primer imperio mexicano y la descripción de algunos elementos de la realidad social que permiten distinguir la ruta hacia el proyecto fundacional como un nuevo estado nación.

> En el caso de México, la consumación de su independencia supondrá, además de la construcción de su Estado-nación, liberal, burgués, la adopción de la República como forma de gobierno y la asunción del federalismo. Sin embargo, los orígenes de ese federalismo y de ese Estado liberal no hay que buscarlos en los movimientos insurgentes de principios de siglo XIX sino en las propuestas autonomistas que los diputados novohispanos en particular y americanos en general, realizaron en su participación en las Cortes de Cádiz.

---

8 David, Brading, *Orbe indiano. De la monarquía católica a la republica criolla, 1492-1867*, 1991, México, FCE, 1991.

> De este modo, la legislación gaditana y la Constitución de 1812 serán los referentes a través de los cuales los "intelectuales orgánicos" en el México independiente construirán su propio Estado. Así, desde 1821 hasta finales de 1823 el Estado-nación mexicano se construye desde el legado gaditano, desde la adopción de nuevas formas de identidad propia y desde el mantenimiento de pervivencias coloniales que durante la República serán suprimidas[9].

Lo anterior, supone no un rompimiento con el pasado de forma abrupta, sino una transición, en donde muchas figuras y normatividades —ya existentes— se aplicaron de forma simultánea hasta la configuración de formas de identidad propias. Por ello, es propósito del presente estudio mostrar los hechos y actos que motivaron dicha transición.

1.2. EL FIN DE LA INDEPENDENCIA

El 24 de febrero de 1821, Agustín Iturbide y Vicente Guerrero consumaron la independencia de forma pacífica a través del Plan de Iguala el cual fijó tres principios: religión, unión e independencia, resumiendo así los esfuerzos criollos e insurgentes[10]. Dicho acto fue ratificado en los tratados de Córdoba de septiembre del mismo año.

Aunque pleno de optimismo, el imperio, dividido desorganizado, en bancarrota, con una enorme deuda de 45 millones de pesos y habitantes sin experiencia política, nacía sobre bases endebles[11].

---

9 Ivana Frasquet Miguel, La construcción del estado nación en México (1820 1824). Del liberalismo hispano a la república federal. Recuperado de: https://dialnet.unirioja.es/servlet/tesis?codigo=159334

10 No refiero como antecedente a la Constitución de Apatzingán, la cual, si bien no estuvo nunca en vigor, fue el primer esfuerzo normativo por institucionalizar la independencia.

11 La lucha y la Constitución de 1812 favorecieron la desorganización de la nueva España, quien, con un gran territorio, mal comunicada y con una población escasa y heterogénea, estaba expuesta por el norte al expansionismo de los Estados Unidos. Zoraida Vázquez, Josefina, *De la independencia a la consolidación de la república en Nueva Historia Mínima de México*, México, El Colegio de México, 2009, pp. 148-149.

Por ello, la tarea consistía entre otros aspectos, en controlar el territorio, reanudar el cobro de impuestos, generar un sentimiento de identidad y obtener el reconocimiento internacional.

La organización de los poderes públicos como actualmente los conocemos, tuvieron su origen en diversas figuras en el naciente estado nacional, así, el gobierno imperial que se estableció después del triunfo militar prolongó el gobierno colonial con las personas que constituyeron la Regencia del último Imperio. La Regencia representó al poder Ejecutivo, que apoyó a Iturbide, aunque se presentaron fricciones entre sus miembros.

Los cambios importantes que marcaron el primer gobierno del país fueron dos, el primero que los europeos perdieron la directriz política en favor de los criollos, y segundo, que funcionó una Junta Provisional Gubernativa como Poder Legislativo, que instaló la Regencia y convocó a las elecciones de los diputados. La Junta Gubernativa, terminó sus funciones el 24 de febrero de 1822, fecha en que tomó posesión el nuevo Congreso Constituyente, integrado por 102 diputados electos (después se integraron otros hasta alcanzar 156), en su mayoría liberales poco adictos a Iturbide[12].

1.3. LAS ADECUACIONES DEL NUEVO ESTADO MEXICANO: EL CONSEJO DE REGENCIA Y EL PRIMER IMPERIO MEXICANO

Después de la declaración de independencia, México vivió el denominado período de Regencia[13], que va del 28 de septiem-

---

12 Salinas Sandoval, María del Carmen, "Oposición al imperio de Iturbide", en Documentos de Investigación, 2, El Colegio Mexiquense, 1997. Recuperado de: <http://polux.cmq.edu.mx/libreria/index.php?option=com_docman&view=download&alias=136-di0020095&category_slug=docum-investigacion&Itemi d=189&accept_license=1>

13 Para tales efectos Iturbide constituyó una Junta Provisional Gubernativa con individuos simpatizantes de diversas propuestas, pero sin insurgentes. Como presidente de la regencia, de inmediato convoco la

bre de 1821 al 18 de mayo de 1822. En este periodo hubo 3 grupos, que mantenían diferentes posturas: los afines a Agustín de Iturbide que defendían su candidatura al trono en virtud de su prestigio; Borbonistas, que querían que se aceptara como rey a un Borbón, y los republicanos, a quienes no les parecía el establecimiento de ningún tipo de monarquía.

> El 18 de mayo de 1822, los partidarios de Iturbide se lanzaron a las calles gritando la consigna "Viva Agustín primero emperador de México". Al día siguiente, el Congreso se reunió en sesión extraordinaria; en las calles ya se sentía y se escuchaba la presión popular, por lo que se pidió a Iturbide que acudiera para calmar a la gente. En el camino, la multitud lo rodeó de aclamaciones, y así llegó al Congreso, en el que fue propuesto como emperador por Gómez Farías. Cuarenta y siete diputados lo apoyaban y quince más lo condicionaban a la previa consulta de sus provincias. Dos días después se votó la propuesta, que resultó aprobada por ciento seis; aunque luego se dijo que en parte los diputados actuaron bajo presión de las tribunas, "que no hubo libertad en aquel acto y que fue únicamente la obra de la violencia y la fuerza" [14].

En medio de las privaciones y del descontento de los insurgentes republicanos, Iturbide se coronó el 21 de julio, aunque con menos facultades que cuando era presidente de la regencia. Para legitimar su ascenso el emperador Iturbide, en 1822 expidió el Reglamento Provisional Político del Imperio Mexicano. A su caída, norma e imperio dejaron de estar en vigor.

---

elección de diputados para un Congreso Nacional que debía redactar la constitución del imperio, pero, ignorando la convocatoria de 1810 para elegir diputados a Cortes, optó por una representación corporativa que favoreciera a las elites. Ídem.

14 La proclamación fue aprobada, aunque es cierto que no se hicieron los trámites previstos por la Constitución de Cádiz, vigente en México, en relación al funcionamiento del Congreso. Pero estas anomalías se cubrieron en los días siguientes. Pronto las actas de adhesión comenzaron a llegar de todas partes de la nación. Felipe Tena Ramírez, *Las leyes fundamentales de México*. Recuperado de: https://archivos.juridicas.unam.mx/www/bjv/libros/7/3370/3.pdf

Desde su designación Agustín de Iturbide tuvo fricciones —en virtud de dificultades financieras y conspiraciones en contra a cargo de algunos diputados—con el Soberano Congreso Constituyente Mexicano. Las diferencias culminaron el 31 de octubre de 1822, día en que fue disuelto en Congreso Constituyente[15], y sustituido por una Junta Instituyente, que restableció la vigencia de la Constitución española de Cádiz.

Lo anterior, fue uno de los principales motivos que se utilizaron en contra del imperio; el movimiento en su contra tuvo como resultado su caída, a partir de la firma del Plan de Casamata en 1823, el cual exigía la elección de un nuevo congreso y, reconocía la autoridad de las diputaciones provinciales[16]. Con la abdicación de Iturbide, el 31 de marzo de 1823, el Congreso Constituyente reinstalado reasumió un poder total y nombró a Nicolás Bravo, Guadalupe Victoria y a Pedro Celestino Negrete como los individuos que habrían de integrar el nuevo poder ejecutivo.

1.3.1. La Audiencia Territorial

El sistema judicial existente en la nueva España era funcional, ya que tenía como fundamento la legislación Indiana[17]. Desde

---

15 Iturbide se lamentaba de que el Congreso no hubiese escrito ni un solo renglón de la Constitución, *objeto principal que se les había confiado.* Carlos Navarro y Rodrigo, Agustín de Iturbide. *Vida y memorias.* Recuperado de: http://cdigital.dgb.uanl.mx/la/1020001814/1020001814.PDF . Ciertamente el Congreso Constituyente dejó pasar el tiempo. En octubre de 1822 habían transcurrido 13 meses sin Constitución propia, y México seguía desentendiendo de la Constitución y leyes de España. Timothy E. Anna, *El Imperio de Iturbide.* Recuperado de: http://aleph.academica.mx/jspui/handle/56789/28571.

16 El deseo expresado en esta Acta era que se reinstalará el Congreso disuelto por Iturbide, pero que solo tuviera el carácter de convocante para un segundo Congreso, pues se desconfiaba de algunos diputados que habían mostrado incondicionales de Iturbide.

17 Desde 1808 surgieron varias emergencias en las instituciones judiciales tradicionales, tales como que el Ejército y la policía sustituyen a los oidores; se

1821 hasta finales de 1823 el Estado-nación mexicano se construye desde el legado gaditano. Las Cortes gaditanas tuvieron un sello liberal. Su propuesta era instituir los grandes principios de la igualdad, la libertad, y la propiedad como ejes para la construcción de una sociedad igualitaria, que rompiera los viejos esquemas estamentarios, los fueros y los privilegios, pero también se atacaba el absolutismo[18]. Esto implicaba la cuestión judicial, y muy señaladamente los juicios del ramo penal.

La tendencia igualadora del constitucionalismo gaditano llevó a la supresión de los tribunales especiales. Por ello desaparecieron: la Acordada, el Juzgado general de Indios, los de cuartel y barrio, del Protomedicato de Colegios, del Hospital general de Indios[19].

De conformidad con el esquema del primer sistema judicial independiente se percibe una continuidad del modelo centralista. Una manifestación de este rasgo es la conservación de la Audiencia Territorial prevista en el constitucionalismo gaditano.

Esta Audiencia funcionó como tribunal de apelación, entre septiembre de 1821 y diciembre de 1824, de conformidad con lo dispuesto por la Constitución de Cádiz y la ley de 12 de octubre de 1813[20].

Por instrucciones de Iturbide, el Consejo del Estado elevó al Congreso una iniciativa de ley para instaurar un tribunal especial,

---

sospecha de sacerdotes y alcaldes; los indígenas necesitan pasaportes para entrar y salir de la Ciudad de México; esto ya no era ni remotamente, el antiguo Gobierno de los jueces. Cabrera Acevedo Lucio, "De la Audiencia territorial a la creación de *La Suprema Corte de Justicia"* en Poder Judicial de la Federación, *La Suprema Corte de Justicia, sus orígenes y primeros años,* 1808–1847, México, Suprema Corte de Justicia de la Nación, 1986, pp. 33.

18 Canosa Usera, Raúl, "Derechos y libertades en la Constitución de 1812", *Revista de Derecho político,* núm. 82, septiembre-diciembre 2011, UNED, pp. 145-192.

19 Díaz Infante Aranda, Ernesto. "Orígenes y primeros años de la Suprema Corte de Justicia" en Poder Judicial de la Federación, *La Suprema Corte de Justicia, sus orígenes y primeros años,* 1808-1847, Op. Cit., p. 28.

20 Ibidem, p. 37.

que fue presentada el 3 de agosto de 1822. Los motivos del proyecto del gobierno fueron resumidos por la Comisión en el siguiente pasaje: "el entorpecimiento en la administración de justicia, los robos, los homicidios, los asesinatos, los bandidos que asaltan a los caminantes, los desórdenes que turban la tranquilidad, la falta de castigos, y la impunidad como autorizada, hacen ver que la administración de justicia está paralizada, que no hay jueces, que no hay tribunales, que no hay justicia, que los delitos"[21].

En el fondo, se trata de una medida extraordinaria, como respuesta a un problema social grave, de falta de gobernabilidad y de una cresta de criminalidad, derivado todo de la agitada y convulsa circunstancias por las que atravesó el país a lo largo de doce años de guerra de liberación, más los conflictos internos posteriores a la independencia, esto es, apenas un año de que se constituyera el Estado mexicano.

La propuesta de Iturbide en esencia consistía en revivir una antigua solución prevista en el ordenamiento jurídico colonial para casos de excepción. Estaba contemplado en la ley 26, título 5, Libro VII, Recopilación de Indias: "en casos de motines, sediciones, y rebeldías con actos de salteamientos, y de famosos ladrones, que suceden en las indias con negros cimarrones, no conviene hacer proceso ordinario criminal".[22]

Pero había un inconveniente jurídico y conceptual. La Constitución de Cádiz de 1812 ratificada por el Gobierno Independiente prohíbe los tribunales especiales y estipula un conjunto de estándares de la justicia, particularmente la penal, que se denomina garantías del procesado, las que deben ser acatadas rigurosamente por todos los órganos judiciales y en general por cualquier agente de la autoridad. Así el artículo 247 prescribe que nadie puede ser juzgado por leyes privativas ni por tribunales especiales,

---

21 *Gaceta del Gobierno Imperial de México*, 5 de septiembre de 1822, p. 697.

22 Cito por la edición de *Recopilación de las leyes de los Reynos de las Indias*, México, Escuela Libre de Derecho-Miguel Ángel Porrúa, 1987.

como un corolario de una larga lucha por las libertades, contra el sistema persecutorio del Antiguo Régimen.

Iturbide propone por ello que se suspendan varias garantías constitucionales. Si el Congreso está facultado para elaborar la Constitución del Imperio, también lo está para alterar el orden jurídico heredado de la Colonia, y para suspender disposiciones constitucionales. La iniciativa pretende la creación de tribunales especiales y de un proceso penal abreviado conducido por jueces militares designados por el emperador, que pueda contener la ola creciente de criminalidad, pero también, como se verá para someter a sus adversarios políticos, incluso los diputados.

Lo anterior, significó la definición de un nuevo sistema judicial y el antecedente directo de la creación de la Suprema Corte de Justicia con 11 ministros electos por las legislaturas de los Estados y que, en parte, asumiría las funciones de la Real Audiencia. Al lado de esta Corte estarían también otras audiencias[23], las que se denominarían tribunales superiores de Justicia de los respectivos Estados de la República federal.

1.3.2. Las diputaciones provinciales

En el tratado de Córdoba se convino en que las leyes y decretos vigentes se observarían en México en cuanto no se opusiera al Plan de Iguala, y mientras las Cortes no formaran la constitución del estado. El 24 de septiembre de 1821, Iturbide proclamó los nombres de treinta y ocho personas nombradas para integrar la soberana Junta Provisional Gubernativa, que asumiría todos los poderes antes ejercidos por las Cortes de España[24], si éstos no esta-

---

23 Fix Zamudio Héctor y José Ramón Cossío Díaz, *El Poder Judicial en el ordenamiento mexicano,* México, FCE, 3ª. Reimpresión, 2003, p. 110.

24 La Constitución de 1812 fue firmada por los diputados a Cortes y los miembros de la Regencia el 18 de marzo de aquel año. Inmediatamente después de su promulgación, las Cortes iniciaron la tarea de formular los reglamentos necesarios para ponerla en vigor, y el 23 de mayo se

ban en contradicción con el Tratado de Córdoba. Esta Junta debía dictar las instrucciones necesarias para llevar a cabo las elecciones en el México independiente.

Dos días después de iniciar sus sesiones regulares la Junta Provisional, el 28 de septiembre de 1821, se nombró una comisión encargada de elaborar el procedimiento electoral para constituir el primer congreso mexicano. En la tabla siguiente se describen el número de Diputaciones provinciales y sus respetivos miembros entre 1812 y 1824[25].

Diputación provincial de	Provincias de su Jurisdicción	Diputados Propietarios Suplentes
1. Yucatán (Mérida). Instalada el 23 de abril de 1813	1. Yucatán 2. Campeche 3. Tabasco	5 3 1 0 1 0
2. Guatemala (Guatemala). Instalada el 2 de septiembre de 1813	1. Chiapas 2. Guatemala y otras	1 0 6 3
3. Nueva Galicia (Guadalajara). Instalada el 20 de septiembre de 1813	1. Nueva Galicia 2. Zacatecas	4 2 3 1
4. Provincias Internas de Oriente (Monterrey). Instalada el 21 de marzo de 1814	1. Nuevo León 2. Coahuila 3. Nuevo Santander 4. Texas	2 1 2 1 2 1 1
5. Nueva España (México). Instalada, 13 de julio de 1814.	1. México 2. Michoacán 3. Oaxaca 4. Veracruz 5. Puebla 6. Tlaxcala 7. Querétaro	1 1 1 0 1 1 1 0 1 1 1 0 1 0

expidió un decreto convocando la elección de diputados a las primeras Cortes ordinarias, según la Constitución.

25 La tabla es la autoría de Nettie Lee Benson, *La diputación provincial y el federalismo mexicano*, México, El Colegio de México, 1955, p. 43.

Diputación provincial de	Provincias de su Jurisdicción	Diputados Propietarios Suplentes
6. San Luis Potosí. Instalada (No hay dato).	1. San Luis Potos! 2. Guanajuato	3 1 4 2
7. Provincias Internas de Occidente (Durango). Instalada (No hay dato).	1. Durango 2. Chihuahua 3. Sinaloa 4. Sonora 5. Nuevo México	

Con la proclamación de la independencia y suscripción del Tratado de Córdoba, se retardó en algunos lugares el establecimiento de un número mayor de diputaciones provinciales y en otros lo aceleró. Tal es la hipótesis de Michoacán resultó en un entorpecimiento. Supuesto contrario, fue el de la provincia de Puebla, aquí Iturbide entró en Puebla triunfante el 2 de agosto de 1821. Cuando el ayuntamiento, cuatro días más tarde, le pidió permiso para establecer una diputación provisional con jurisdicción sobre la provincia de Puebla, Iturbide lo autorizó por medio de un bando. Chiapas fue la siguiente provincia que dio este paso, declarándose así mismo independiente no solamente de España sino también de Guatemala.

Independiente de lo anterior, ya funcionaban ocho diputaciones provinciales, señaladamente, las de San Luis Potosí, Guadalajara, Puebla, México, Yucatán las Provincias Internas de Oriente las Provincias Internas de Occidente, y Chiapas, y otras seis intendencias —Veracruz, Oaxaca, Michoacán, Guanajuato, Zacatecas y Arispe—, las cuales tenían, por el decreto 8 de mayo, el derecho reconocido a establecer diputación, que harían un total de catorce.

La regencia expidió el 18 de noviembre de 1821 instrucciones completas para la elección de miembros ante el nuevo Congreso. Por tanto, y de acuerdo con el anterior decreto, los diputados provinciales de la Nueva Vizcaya, San Luis Potosí, Sonora y Sinaloa, las provincias Internas de Oriente, Zacatecas, Guadalajara, Guanajuato, Michoacán, México, Puebla, Veracruz, Oaxaca, Yucatán y Chiapas, deberían ser elegidos el 29 de enero de 1822. Al parecer se sobreentendía que Tlaxcala[26] se hallaba también incluida en el citado decreto. Este hecho elevó a 15 el número de diputaciones provinciales.

Nuevo Santander, una de las Provincias Internas de Oriente, eligió siete diputados a la diputación provincial de Nuevo Santander, y lo comunicó así oficialmente al gobierno central, al mismo tiempo que informaba sobre la elección de diputados al Congreso. Aún antes de las elecciones de enero de 1822 se había recibido otra petición sobre una diputación provincial. Querétaro, igual que Tlaxcala, fue creada como provincia de Nueva España por medio de la ley de la junta preparatoria electoral del 27 de noviembre de 1812. Comprendía el corregimiento de Querétaro y las alcaldías de Cadereyta y Escanela, y había sido desmembrada de la intendencia de México.

Esta provincia, pues, fue creada de tal modo que pudiera tener el derecho de elegir diputados a Cortes y a la diputación provincial, de la Nueva España. En todas las subsiguientes elecciones antes de 1822. Querétaro continuó siendo designada como provincia, pero el hecho de que la Soberana Junta Provisional de Gobierno no expidiera el respectivo decreto sobre elecciones, la privó de este rango. Sus protestas y peticiones sobre derecho provisionales fueron desatendidas por la Junta, la cual dejó el caso a cargo del Congreso; hasta entonces, su estatuto legal estuvo determinado por el decreto de 18 de noviembre de 1821.

Poco después de iniciar el Congreso sus sesiones, Querétaro renovó sus demandas de diputación provincial, por medio de una

---

[26] La Constitución de 1812 fue firmada por los diputados a Cortes y los miembros de la Regencia el 18 de marzo de aquel año. Inmediatamente después de su promulgación, las Cortes iniciaron la tarea de formular los reglamentos necesarios para ponerla en vigor, y el 23 de mayo se expidió un decreto convocando la elección de diputados a las primeras Cortes ordinarias, según la Constitución. Ídem

petición que envió al comité constitucional del recién instalado Congreso, el 12 de marzo de 1822. Tras otro infructuoso intento para obtener su propia diputación provincial, Querétaro finalmente la demandó alegando la falta de representación ante el cuerpo de la Ciudad de México. Tal demanda fue leída el primero de agosto de 1822. Veintiún días, después, la comisión de Gobernación la informó al favorablemente, y aconsejó que los correspondientes diputados fueron elegidos por los mismos electores que habían nombrado a los representantes de Querétaro ante el Congreso reunido entonces en sección.

Antes de terminar el año de 1822, el Congreso recibió peticiones para el establecimiento de diputaciones provinciales en las provincias de Tabasco Sinaloa Sonora, Durango, Chihuahua, Nuevo México, Nuevo León, Coahuila y Texas.

Una semana más tarde como Espinosa de los Monteros público e hizo circular un documento de 44 páginas, en el cual describía detalladamente las condiciones que imperaban en Sonora y Sinaloa, y entre las propuestas tendientes a su remedio se encontraba la de la separación de las dos provincias y el inmediato establecimiento en ellas de sendas diputaciones provinciales.

Entre los más urgentes de tales asuntos, se encontraba el concerniente a la ley electoral con arreglo a la cual se habría de convocar un nuevo Congreso. El Plan de Casa Mata de mandaba un Congreso nuevo, pero después de que Iturbide convocó otra vez a los miembros del primer Congreso Constituyente, estos se habían mostrada renuentes a la nueva convocatoria de elecciones, y sólo ante la presión de las provincias, acordaron convocarlas el 21 de mayo de 1823. Una comisión especial dio inmediatamente comienzo a la tarea de preparar la nueva ley electoral que habría de elaborar la Constitución de 1824.

1.3.3. El orden jurídico de la fiscalidad en la Real Hacienda

El estudio de la lógica administrativa que guiaba el funcionamiento de la Real Hacienda de Nueva España y la reconstrucción cuantitativa de diversas variables fiscales, fue posible a partir del análisis de tres figuras fiscales entonces presentes: la alcabala, el tributo de indios y castas y los novenos reales/diezmos eclesiásticos; lo anterior, permitió apreciar cómo el privilegio permeaba todo el funcionamiento del real erario. Un privilegio que se articulaba, desde el punto de vista de los contribuyentes, en torno a tres situaciones jurídicas: la calidad, el estado y la clase[27].

> Mantener estos principios, como manifestación de la justicia y equidad que el monarca debía preservar y administrar, se constituyó como la condición básica para hacer viable el funcionamiento del real erario. Cuando las entidades exactoras, presionadas por las necesidades de la corona, pretendieron ignorar o retirar algunos de los privilegios fiscales, se encontraron una potente oposición, la cual se articuló a partir de las diversas corporaciones que componían el antiguo régimen colonial novohispano a la búsqueda del ejercicio último de la justicia del monarca y sus ministros.
>
> Sin embargo, en ciertas ocasiones el acuerdo no se produjo y la tensión acumulada llegó a plasmarse en revueltas de carácter fiscal, como manifestación más visible, o en el fraude y el contrabando, como ejercicios más soterrados de la resistencia fiscal de los contribuyentes[28].

En el marco del denominado reformismo borbónico. Se hace referencia a las disyuntivas que enfrentaron las autoridades fiscales, la primera, relativa a las crecientes demandas de ingresos de la corona con motivo de las guerras imperiales y la pervivencia e, incluso, ampliación de las exenciones fiscales. La segunda, se refiere a diversas iniciativas fiscales que, de haberse llevado a término, hubiesen implicado una verdadera transformación del orden político-fiscal en el virreinato. Fue el caso, del proyecto de sustitución del tributo de indios por las alcabalas que se planteó en la

---

27 Sánchez Santiró, Ernest, *El orden jurídico de la fiscalidad en la real hacienda de Nueva España: Un análisis a partir de la calidad, el estado y la clase de contribuyentes.* Espacio, tiempo y forma. Serie IV. Historia moderna, Núm. 27, 2014. Recuperado de: http://revistas.uned.es/index.php/ETFIV/article/view/13702

28 Ídem

década de 1790. Si bien el fracaso de dicha iniciativa tuvo su parte el componente recaudatorio, también se sopesó el impacto político que hubiese implicado la equiparación fiscal de los indígenas con el resto de castas que componían el orden virreinal. En este aspecto, el reformismo se mostró claramente partidario del mantenimiento de la normativa vigente. El tercero remite a la suerte corrida por la política de uniformar y simplificar la recaudación. Aunque las autoridades fiscales tenían una clara conciencia de que la diversidad, el localismo y la abigarrada casuística[29], plasmaciones de la justicia y la equidad, repercutían negativamente en la recaudación, también eran conscientes de que la introducción de una nueva planta que hiciese caso omiso de estos aspectos estaba abocada al fracaso ante la resistencia de sectores de la propia administración hacendaria y los contribuyentes.

De cara a clarificar los cambios acaecidos en el tránsito de la administración de la fiscalidad alcabalatoria entre la Colonia y la Independencia es necesario precisar ciertos conceptos usados[30]. El derecho de alcabalas se estableció en Nueva España por real orden de 1° de noviembre de 1571, en la cual, Felipe II ordenaba:

De todo género de personas, sin exceptuar más de aquellos que por Leyes del cuaderno de las alcabalas son exceptuadas; y de los indios, se ha de cobrar alcabala de la primera, y de todas las demás ventas, trueques, y cambios, así de las mercaderías que se llevan de estos Reinos, como de las que allá hubiere y se fabricaren, a razón de a dos por ciento, en dineros de contado, excepto de las cosas que se ha de cobrar a cinco por ciento[31].

---

29 Ídem

30 Sánchez Santiró, Ernest, *Fiscalidad, administración y territorio. La renta de alcabalas en el tránsito de la Colonia a la Independencia (1754-1838),* Historias. Revista de la Dirección de Estudios Históricos, Núm. 58, 2004, mayo-agosto. Recuperado de: https://www.jstor.org/stable/10.1525/msem.2008.24.2.399

31 Por tanto, en principio, la alcabala era un impuesto que gravaba los intercambios, un impuesto indirecto. A efectos de proceder a su cobro, en 1575 el virrey de Nueva España estableció que en todos los partidos

El advenimiento de la Independencia y la constitución de la República Mexicana, tras el breve paréntesis del Imperio de Iturbide, no provocó una modificación sustancial en la fiscalidad del naciente país. De hecho, la independencia produjo, a efectos fiscales, una reducción en determinados rubros (especialmente en la minería) o su desaparición (caso del tributo), junto a una redistribución de los distintos impuestos entre los estados de la federación y el gobierno de la República. Por lo que respecta a las alcabalas, éstas se consideraron como rentas pertenecientes a las entidades federativas en el reparto fiscal de 1824[32]. Sin embargo, la estructura fundamental de la renta no fue modificada.

Las administraciones foráneas de alcabalas, fueron sustituidas por las direcciones generales de alcabalas de cada uno de los estados, subdivididas en administraciones, receptorías y subreceptorías en un número variable.

Lógicamente, y ya durante el primer federalismo (1824-1835), al perder su carácter de renta nacional desapareció el órgano centralizador que las coordinaba, esto es, la antigua Dirección General de Alcabalas localizada en la Ciudad de México[33].

En tanto la conjunción de medidas de reforma administrativa y fiscal borbónicas, concretamente las intendencias, a las que se unió la dimensión política de la representación, merced la constitución de las diputaciones provinciales gaditanas, fomentaron el fenómeno de regionalización de la economía virreinal así como la creciente territorialización de los intereses de las elites novohispanas, la existencia de estos mismos grupos tras la

---

sujetos a las cajas reales de su distrito se nombrasen receptores "o personas que recaudasen las alcabalas". Ídem

32 Sánchez Santiró, El orden jurídico de la fiscalidad en la Real Hacienda de la Nueva España: Un análisis a partir de la calidad. El estado y la clase de los contribuyentes, Espacio, tiempo y forma. Serie IV Historia moderna, Revista de la Facultad de Geografía e Historia, 2014. Recuperado de: http://revistas.uned.es/index.php/ETFIV

33 Ídem

Independencia explica en gran medida la conformación de los distintos estados de la federación, siempre y cuando mantuviesen su cohesión[34].

En la medida que el *Acta Constitutiva* de 1824 declaró a los estados "independientes, libres y soberanos, en lo que exclusivamente toque a su administración y gobierno interior"[35], fue factible que la organización de las haciendas estatales fuese evolucionando a partir de su matriz colonial a partir de los distintos proyectos de las elites regionales representadas en los congresos de las entidades federativas. Una evolución que en materia de figuras impositivas y sujetos tributarios podía ir desde pequeños retoques del anterior marco colonial, como fue en el caso de los estados de México o de Guanajuato, hasta la implantación de una profunda reforma fiscal que eliminaba figuras fiscales clave del sistema colonial (caso de las alcabalas) y generalizaba las contribuciones directas, tal y como sucedió en el estado de Jalisco.

Por lo que respecta a las alcabalas de los estados, las distintas soberanías acabaron provocando una creciente diferenciación en cuanto a cuotas impuestas y mercancías gravables. El caso extremo lo presentó el estado de Yucatán que mantuvo la exención colonial al pago de la alcabala[36].

1.3.4. Iglesia y educación

Con la consumación de la independencia, nuevamente el clero jugó un papel determinante. De las Tres Garantías, la garantía de la religión, constituye un esfuerzo por reconciliar al clero dividido. La bandera de la religión recogió además los antiguos agravios materializadas en la supresión del privilegio eclesiástico. Parte de esos malestares fueron aliviados mediante el restableci-

---

[34] Ídem
[35] Ídem
[36] Ídem

miento del fuero eclesiástico en 1821[37]. Esto beneficiaba no sólo a la jerarquía eclesiástica que quería la inmunidad, sino también el bajo clero que había apoyado con entusiasmo las banderas levantadas en ese sentido por Morelos y Matamoros.

El legado educativo de las Cortes, derivó de dos documentos importantes: la *Instrucción del gobierno-político de las provincias* y, en especial, el *Reglamento general de instrucción pública* de 1821[38]. El segundo documento ponía la instrucción impartida por la Iglesia bajo la vigilancia del gobierno y favorecía la enseñanza moderna. Encargaba al Ayuntamiento la tarea de promover la educación primaria. La Constitución, por su parte, ordenaba establecer "el plan general de enseñanza pública en toda la monarquía" y crear una Dirección General de Estudios que la vigilara.

La falta de recursos para los proyectos educativos que permitieran conquistar el anhelado progreso, un grupo de hombres prominentes decidieron fundar una asociación filantrópica que promoviera la indispensable instrucción de primeras letras. Así nació la Compañía Lancasteriana, con el método de enseñanza, que permitía a un solo maestro enseñar al mismo tiempo a grupos de hasta mil niños, con el auxilio de los alumnos avanzados, llamados monitores, que instruían a los principiantes[39].

---

37 Ana Carolina Ibarra, "El clero y la independencia" en Estado nación en México: Independencia y Revolución, Esaú Marques, Rafael Araujo y Rocío Ortiz (Coord.), Selva Negra, UNICACH, 2011, Chiapas, pp. 307-320.

38 Josefina Zoraida Vázquez "La educación al tiempo de la independencia y sus antecedentes" en Estado nación en México: Independencia y Revolución, Esaú Marques, Rafael Araujo y Rocío Ortiz (Coord.), Selva Negra, UNICACH, 2011, Chiapas, pp. 133-150.

39 Cada grupo tenía su monitor particular, quien de acuerdo con un horario enseñaba las lecciones de lectura, escritura, aritmética y doctrina cristiana. Los monitores generales se encargaban de registrar la asistencia y cuidar los útiles de enseñanza. El director de la escuela supervisaba al conjunto. El método insistía en promover el comportamiento de los niños e imponía castigos y premios para el desempeño. Ídem.

Por último, la consumación de la independencia abrió el paso para que llegaran a México maestros extranjeros que instalaron escuelas privadas en las que ofrecieron una amplia enseñanza que en ocasiones abarcó idiomas y música.

1.4. CONCLUSIONES

En el proceso en formación del estado mexicano en el siglo XIX, tuvo muchas formas de oposición, económicas, políticas y sociales. Fue una constante en el Primer Imperio Mexicano el hecho de pretender imponer una monarquía. A pesar de la abdicación de Iturbide el nuevo país fue capaz de mantener su independencia política de España y modular una idea de soberanía, no sin muchos problemas. Los diversos problemas durante la vigencia del imperio mexicano, permiten identificar las características aún vigentes, las luchas de poderes, las diferencias de clases, lo abigarrado de un sistema que aunque fallido, siempre encuentra forma de perpetuarse.

Capitulo II

Interpretación e ideología constitucional. Una propuesta de estudio a las decisiones judiciales

2.1. INTRODUCCIÓN

La integración el Pleno de la Suprema Corte de Justicia en México, no solo es consecuencia de un riguroso proceso de selección, sino también de acuerdos políticos entre los partidos que representan a la Cámara de Senadores. El sistema político-jurídico en nuestro país, históricamente representó el autoritarismo y cacicazgos sectoriales —un partido político único, control de las organizaciones sindicales y empresariales, de los medios de comunicación, la definición de diputados, senadores, gobernadores y por supuesto la designación de los Ministros de la Suprema Corte de Justicia—, lo cual fortalecía la facultades meta constitucionales del Presidente de la República[40] y del sistema en general. Lo anterior, trajo como consecuencia que el Poder Judicial Federal ejerciera una ideología fundada exclusivamente en el discurso revolucionario.

Desde la reforma constitucional de 1994, la conformación del Pleno en la integración de la Suprema Corte de Justicia ha variado y permitido con ello la inserción de ministros "internos" y "externos", es decir, aquellos integrantes de carrera del propio poder Judicial, así como la de aquellos que no lo son. Lo anterior, ha permitido que la ética y justicia aplicada como consecuencia de la interpretación constitucional sea poco consolidada. En el

---

40 José Ramón Cossío y Luis Raigosa, *Régimen político e interpretación constitucional en México,* Isonomía, Número 5, octubre de 1996, p. 1

mismo sentido podemos hablar de ministros "conservadores" y "liberales", calificados así a partir del sentido de sus determinaciones, sobre todo en aquellos casos en los que la moral crítica es puesta en juego.

Las reglas de elección y duración de encargo tienen un efecto sobre quienes llegan a ministros y con qué expectativas. Por el otro, el método por el cual los once ministros llegan a su decisión, cualquiera que ésta sea, afecta lo que se decide[41]. Así, los ministros cuentan con responsabilidades éticas y morales en la resolución de los asuntos dado el carácter relevante de su posición, ello trae consigo un dilema ético, a partir del cual una persona puede escoger entre por lo menos dos cursos de acción, cada uno de los cuales parece estar bien apoyado por un estándar aceptable de comportamiento.

A partir de ello, constituye uno de los objetivos del presente estudio distinguir la ideología y la ética en la aplicación de la justicia que ejerce el máximo tribunal. Los factores a los que someto tal sentido van desde el proceso de selección y elección de los ministros, la selección de los asuntos de los que tiene conocimiento la Corte, ya sea —actuando en Pleno o en Salas— y que en la práctica dado su competencia solo conoce conflictos políticos y litigios de la élite[42], el perfil de los propios ministros, y, por último,

---

41 La SCJN constituye el árbitro último de algunos de los conflictos importantes entre poderes, como entre ciudadanos y autoridad. Ejemplo: en el año de 2009, el ministro Ortiz Mayagoitía al inicio del primer periodo de sesiones, denunció que el Pleno tenía en puerta una gran cantidad de asuntos que iban desde controversias constitucionales importantes, como la despenalización del aborto, amparo en materia fiscal y financiera y la investigación sobre el caso Oaxaca (esto ya no existe con la reforma en materia de Derechos Humanos).

42 A pesar del discurso en cuanto a que las resoluciones a cargo de la SCJN son de alto impacto, eso nada tiene que ver con la percepción que los ciudadanos estiman constituyen sus problemas fundamentales, las cuales incluso incrementan la percepción de injusticia o impuni-

la eticidad e ideología de los mismos en el sentido de sus fallos a casos relevantes.

Las hipótesis del presente estudio son: i) señalar que los Ministros que integran el Pleno de la Suprema Corte de Justicia carecen de una ideología y ética consolidada en la impartición de justicia, fundada particularmente en dos supuestos: a) el mecanismo de selección de los propios ministros (y la ideología y ética que subyace a cada uno de ellos en la aplicación de justicia), y el proceso a través del cual el Pleno de la Corte llega a sus decisiones finales.

2.2. LA INTEGRACIÓN DEL PODER JUDICIAL FEDERAL DE 1917 A 1994

En términos del artículo 49 de la Constitución Federal el "poder" es único, sin embargo, se divide para su ejercicio en Ejecutivo, Legislativo y Judicial. Razón por la cual éste último constituye en su estructura y en el sentido de sus determinaciones un elemento también político en el ejercicio del poder público.

2.2.1. Consideraciones generales

A partir de la promulgación de la Constitución federal vigente, el artículo 94 —que define la integración del Poder Judicial Federal— ha sido modificado en 12 ocasiones. Lo anterior permite identificar el tránsito en la integración del Pleno de la Suprema Corte de Justicia de la Nación.

> El texto aprobado por el constituyente de 1917 dio a cada una de las Legislaturas Locales la atribución de nominar a un candidato y al Congreso de la Unión la de elegir entre ellos a las 11 que, por un plazo de cuatro años, integrarían la Corte. En 1928 por reforma constitucional se transfirió la nominación al ejecutivo y la designación al Senado; al tiempo que aumentó a 16 el número de inte-

---

dad, ejemplo de ello los casos: Florence Cassez y Sindicato Mexicano de Electricistas.

grantes y eliminó el plazo fijo de cuatro años en el cargo. La Corte incremento en número de 16 a 21 (1934) y luego a 26 (1944), lo mismo que los plazos de duración en el encargo; primero se limitaron a seis años (1934) y luego se eliminó esa cláusula en 1944. El método de designación permaneció intacto hasta la reforma constitucional del Presidente Ernesto Zedillo en el año de 1994[43].

Es de señalar que entre 1917 y 1994 se realizaron en promedio 2.5 designaciones por año, equivalente a una renovación media anual del 12.9% de los ministros, en los años de 1920 y 1921 no existió renovación de Ministros. La Corte a partir de 1928, se convirtió en un órgano cada vez más complejo y fragmentado hasta sumar un número total de 26 integrantes vitalicios[44].

La situación política del Poder Judicial Federal hasta antes de la reforma constitucional de 1994 traía consigo definir que políticamente, la Corte, y el Poder Judicial en general, eran una pieza más en el sistema de partido dominante que caracterizó a México por más de siete décadas: el PRI, mismo que fue capaz de incorporar al Poder Judicial dentro de su estructura corporativa tal como lo hizo con los otros órganos de gobierno, los sindicatos, los campesinos, el ejército y los empresarios[45].

---

43 Camilo Saavedra, *Designar hoy para cosechar mañana: la importancia de la selección de los ministros de la SCJN*, Letras libres, octubre 2012, p. 40.

44 De 1994 a 1997 tanto la Presidencia como ambas cámaras del Congreso estuvieron controladas por el PRI, como fue el caso desde 1929. Es importante tener en cuenta que fue un gobierno controlado por el PRI el que decidió hacer la reforma de 1994. Sin embargo, en las elecciones intermedias de 1997 el PRI perdió la mayoría absoluta en la Cámara de Diputados, que terminó dividida, aunque continuó teniendo la mayoría absoluta en el Senado.

45 A pesar de que la Constitución de 1917 otorgó una considerable autonomía a los jueces (inamovilidad y nominación por parte del Congreso de la Unión), comenzando en 1928 una serie de reformas constitucionales fue limitando sucesivamente esta autonomía. Primero, se le otorgó al presidente la facultad de nominación de ministros con ratificación del Senado. La reforma de 1928 implicó, además, la sustitución de la Corte entera. En 1934 otra reforma reemplazó la inamovilidad por un periodo fijo de seis años, que coincidía con el periodo presidencial.

2.2.2. La reforma constitucional de diciembre de 1994

Los acontecimientos económicos, políticos y sociales que precedieron a la reforma constitucional que tuvo por objeto reconfigurar al Poder Judicial Federal de 1994 fueron complejos[46]. La reforma disolvió de facto y parcialmente a dicho poder originario, conformada entonces por 26 ministros, y reduciéndolo a una integración de 11 ministros, se limitó el periodo en el cargo a 15 años y se estableció una mayoría calificada de 2/3 en el Senado como requisito para realizar las designaciones. Además, a las funciones con las que ya contaba el Pleno de la Corte con motivo de la reforma, se añadieron las de un "modelo de tribunal constitucional", así como la emisión de los acuerdos 5/1999, 6/1999, 10/2000 y 4/2001 a partir del cual el Pleno se reservó el monopolio de la interpretación de la Constitución mediante el conocimiento en última instancia de los juicios de amparo en revisión, las Controversias constitucionales y las acciones de inconstitucionalidad. De igual modo, la creación de criterios ideológicos y éticos propios a partir de la conformación de la 9ª. Época en criterios jurisprudenciales.

En síntesis, la reforma judicial de 1994 dotó a la Corte de igualdad legal frente a los otros órganos de gobierno, al mismo tiempo que creó instrumentos eficientes de control constitucional que le

---

Desde entonces, la subordinación del Poder Judicial al Ejecutivo fue una característica del régimen mexicano. En Julio Antonio Ríos Figueroa, El surgimiento de un poder judicial efectivo en México: gobierno dividido y toma de decisiones en la SCJN, 1994-2002, IFE, octubre, 2004, p. 11.

[46] Cabe señalar que el 1°. de Enero surge el EZLN como oposición al inicio de vigencia del TLCAN, en marzo muere el candidato del partido oficial Luis Donaldo Colosio y en septiembre el ex gobernador de Guerrero y secretario general del PRI José Francisco Ruiz Massieu. El relevo en el cargo de aspirante presidencial fue ocupado por Ernesto Zedillo Ponce de León. El mismo Zedillo no era un miembro destacado del partido oficial, razón por la cual contaba con una deslegitimación incluso al interior de su propio partido político.

permiten defenderse de los intentos expansivos de otros poderes y participar en el equilibrio del sistema de frenos y contrapesos.

2.2.3. La designación de los ministros a partir de la reforma de 1994

El cargo de ministro es el más alto rango dentro del Poder Judicial de la Federación. Para acceder a éste, es necesario que se cumplan, los requisitos que dispone el artículo 95 constitucional:

> **Artículo 95.** Para ser electo Ministro de la Suprema Corte de Justicia de la Nación, se necesita:
>
> **I.** Ser ciudadano mexicano por nacimiento, en pleno ejercicio de sus derechos políticos y civiles.
>
> **II.** Tener cuando menos treinta y cinco años cumplidos el día de la designación;
>
> **III.** Poseer el día de la designación, con antigüedad mínima de diez años, título profesional de licenciado en derecho, expedido por autoridad o institución legalmente facultada para ello;
>
> **IV.** Gozar de buena reputación y no haber sido condenado por delito que amerite pena corporal de más de un año de prisión; pero si se tratare de robo, fraude, falsificación, abuso de confianza y otro que lastime seriamente la buena fama en el concepto público, inhabilitará para el cargo, cualquiera que haya sido la pena.
>
> **V.** Haber residido en el país durante los dos años anteriores al día de la designación; y
>
> **VI.** No haber sido Secretario de Estado, Procurador General de la República o de Justicia del Distrito Federal, senador, diputado federal ni gobernador de algún Estado o Jefe del Distrito Federal, durante el año previo al día de su nombramiento.
>
> Los nombramientos de los Ministros **deberán recaer preferentemente entre aquellas personas que hayan servido** con eficiencia, capacidad y probidad en la impartición de justicia o que se hayan distinguido por su honorabilidad, competencia y antecedentes profesionales **en el ejercicio de la actividad jurídica**.

Sin embargo, dicha circunstancia no siempre opera en la práctica, ya que, si bien la Constitución establece que deberá privilegiarse el ejercicio profesional, es decir, miembros "internos" del Poder Judicial Federal, lo es también, que el artículo 96 dispone el procedimiento que apertura el ingreso de miembros "externos" a la conformación definitiva del Pleno de la Suprema Corte de Justicia de la Nación.

> **Artículo 96.** Para nombrar a los Ministros de la Suprema Corte de Justicia, el Presidente de la República someterá una terna a consideración del Senado, el cual, previa comparecencia de las personas propuestas, designará al Ministro que deba cubrir la vacante. La designación se hará por el voto de las dos terceras partes de los miembros del Senado presentes, dentro del improrrogable plazo de treinta días. Si el Senado no resolviere dentro de dicho plazo, ocupará el cargo de Ministro la persona que, dentro de dicha terna, designe el Presidente de la República.
>
> En caso de que la Cámara de Senadores rechace la totalidad de la terna propuesta, el Presidente de la República someterá una nueva, en los términos del párrafo anterior. Si esta segunda terna fuera rechazada, ocupará el cargo la persona que, dentro de dicha terna, designe el Presidente de la República.

Las reglas de elección sólo pueden ser explicadas en el contexto político en el que se aprobó la reforma constitucional de 1994. Señalan Carlos Elizondo Mayer-Serra y Ana Laura Magaloni que el hecho de que el nombramiento de los 11 Ministros se hiciera al mismo tiempo -ya que con dicha reforma se removió a un mismo tiempo a los 26 Ministros que conformaban ese tribunal- hacia difícil, en términos políticos, que el presidente simplemente mandara 11 candidatos por separado[47]. La terna fue un mecanismo que aminoró la percepción de que el entonces presidente Zedillo conformaba una Corte a modo[48].

---

47 Carlos Elizondo Mayer-Serra y Ana Laura Magaloni, *La forma es fondo: cómo se nombran y deciden los ministros de la Suprema Corte de Justicia*, Cuestiones Constitucionales, Núm. 23, julio-diciembre 2010, p. 37

48 La operación de este más compacto y poderoso órgano se puso en manos de nuevos ministros, todos ellos designados a partir de una lista de entre 18 elegibles. El 26 de enero de 1995 el Senado designó a ocho ministros de carrera judicial "candidatos internos" y a tres que no contaban con ella "candidatos externos". Esta integración permaneció sin cambios durante casi nueve años, algo sin precedentes en la historia de México. En 2003 se abrieron las primeras dos vacantes (salieron José Vicente Aguinaco Alemán y Juventino Castro y Castro), seguidas por

Al mismo tiempo, si las cosas no salían bien, el presidente siempre podía tener la última palabra. Es decir, si en dos ocasiones el Senado rechazaba la terna, el Ejecutivo podía nombrar libremente al Ministro de su preferencia. Se trataba de conformar un nuevo tribunal con mayor legitimidad, pero, al mismo tiempo, de no renunciar de forma absoluta al control del Ejecutivo en el sistema de nombramientos.

En esos años, el partido del presidente Zedillo contaba aun con la mayoría de los votos en ambas cámaras, pero carecía de los dos tercios requeridos para ratificar el nombramiento. Había que consensar dichos nombramientos con el PAN. Por ello, si bien la mayoría de los nombramientos fueron del presidente, éste tuvo que negociar algunos lugares para candidatos emanados del PAN. El resultado fue una Corte donde predominaban ministros vinculados con el viejo régimen y que tenían la confianza del PRI. El peso del PRI en la selección de ministros continuó en el gobierno de Fox ya que en esa administración predominaron candidatos cercanos al PRI. Con un panorama distinto al de otros países, en la configuración de la Corte no se apostó por un tribunal constitucional para la democracia, sino uno que permitiera atender los problemas de la naciente pluralidad política de la última fase del régimen autoritario. Ello explica, por qué el presidente Zedillo optó por designar principalmente Ministros que se hubiesen desempeñado como jueces por varios años[49].

---

tres que también se tenían programadas (Juan Díaz Romero, Mariano Azuela Güitrón y Genaro Góngora Pimentel) y por dos imprevistas provocadas por el fallecimiento de ministros en funciones (Román Palacios en 2004 y Gudiño Pelayo en 2010).

49 En México, no había razones para pensar que se requería un tribunal constitucional conformado por ministros encargados de marcar la diferencia entre un régimen político autoritario y una democracia constitucional en forma. Más bien había necesidad de mantener alguna continuidad con el pasado. Los ministros con experiencia judicial eran una apuesta razonable para lograr ese objetivo.

En este proceso de continuidad y no de ruptura con el pasado es más notorio en el tipo de argumentación jurídica de las sentencias de la Corte, donde los ministros ni siquiera han detectado el problema de que la mayor parte de la jurisprudencia constitucional se generó bajo las coordenadas de un sistema político autoritario y que, por tanto, se requería de una profunda revisión de lo que hoy, en un contexto democrático, deberían ser los criterios de interpretación y ética de la Constitución acorde a los nuevos paradigmas que representa el derecho.

Actualmente el proceso de selección y designación de ministros ha mostrado debilidades, ya que es cada vez más complejo y politizado. En la medida que el presidente presente ternas, el Senado puede negociar entre los candidatos propuestos[50]. El sistema de ternas obliga a los tres candidatos a Ministro a competir entre ellos para lograr los apoyos requeridos, lo cual puede tener un efecto negativo en la fortaleza e independencia del máximo tribunal[51]. Así la selección de los ministros no es rigurosa, pero si

---

50 El presidente podría proponer ternas conformadas por personas que le son cercanas, pedir a su partido que tiene más de un tercio de los Senadores vote en contra y luego imponer un candidato. Esto tendría sin duda un costo político alto en relación con el Senado.

51 El proceso de selección de ministros contrasta con el de Estados Unidos. Primero en la forma en cómo se decide. En el caso estadounidense no hay terna. El presidente, de acuerdo con el artículo 2º. De la constitución tiene el poder de nombrar, con "la asesoría y consentimiento del Senado" al candidato de su preferencia. Ni siquiera hay requisitos para el cargo. Ello permite que el presidente tenga mayor control sobre el proceso. Solo puede quedar el que propone. El senado puede rechazar cualquier propuesta del presidente, lo que le obliga a este último a presentar un nuevo candidato. Sin embargo, el proceso de designación solo involucra a un candidato, lo cual inhibe el tipo de politización que tiene el sistema de ternas. Además, dado que los nombramientos son vitalicios, la designación difícilmente involucra dos vacantes o más. Ello ayuda evitar transacciones o intercambios políticos como los de nuestro país.
Ello no significa que no existe politización en los nombramientos de los Justices de la Corte Suprema estadounidense. Después de más de doscientos años de experiencia, se sabe que la ideología de los jueces cuenta

en extremo politizado, lo cual hace que *no se cuente con una definición clara sobre la ideología de los candidatos.* Sin estas definiciones, lo que se puede esperar es que quien ocupe el puesto de ministro no sea necesariamente el que tenga los mayores méritos o refleje mejor la ideología que defienden los partidos, sino el que haya construido la mejor red de apoyos políticos, lo cual incluso, pudiera mermar su independencia e imparcialidad. Aquí se fortalece lo previsto en las hipótesis planteadas, en el sentido de que las reglas de elección y duración de encargo tienen un efecto sobre quienes llegan a ministros y con qué expectativas. Por lo que, el método por el cual los once ministros llegan a su decisión, cualquiera que ésta sea, afecta lo que se decide.

2.3. CONFORMACIÓN ACTUAL DEL PLENO DE LA SCJN

La integración de la Corte en 1994 era de 11 ministros 10 de ellos hombres y 1 mujer. Actualmente dicha composición en razón de género, recae en 2 mujeres y 9 hombres. Es decir, se incrementó a 18.18%. 7 de los 11 ministros son de carrera judicial, lo cual representa el 63.63%, 3 ejercieron cargos privados y públicos antes del encargo constitucional, lo cual representa el 27.27% y por último solo el 18.18% ejerció cargos académicos antes de ser nombrado Ministro.

En México, el cargo de ministro dura 15 años, la ventaja que representa que el cargo sea temporal y no vitalicio apertura el

mucho para predecir el sentido de sus fallos. Los han vivido con claridad en los temas torales que han decidido su Corte a lo largo de su historia. Por ello, el escrutinio de los candidatos es muy riguroso y, evidentemente, la elección de un Justice refleja el tipo de equilibrios políticos entre los republicanos y demócratas. Cuanto más Senadores existente uno u otro partido, se elegirá a un Justice más liberal o más conservador. Sin embargo, más allá de la ideología del Justice designado, es muy difícil que llegue alguien que carezca de mérito importantes para el puesto.

debate sobre qué tipo de Corte se necesita[52], dado que nuestra Corte es una institución que se diseñó en las postrimerías de un régimen autoritario[53]. Lo anterior, no omite la red de influencias internas y externa que se cosechan al cabo de los años de ejercicio constitucional. El problema no es menor, el esquema de retiro de los ministros está directamente relacionado con el ejercicio cotidiano de su independencia[54].

Por último, por cuanto ve a la elección del Presidente de la Corte en términos del artículo 97 Constitucional, éste es electo por pares cada cuatro años, el cual no puede ser reelecto para el

---

52 La primera Corte luego de las reformas de 1994 estableció un sistema de sustitución escalonada, concluyendo en sus funciones bajo el siguiente calendario: 30 de noviembre del 2006: Ministro Juan Díaz Romero; 30 de noviembre del 2009: Ministro Mariano Azuela Güitrón y Ministro Genaro David Góngora Pimentel; 30 de noviembre del 2012: Ministro Guillermo I. Ortiz Mayagoitía y Ministro Sergio Salvador Aguirre Anguiano; 30 de noviembre del 2015: Ministro José de Jesús Gudiño Pelayo, Ministro Juan N. Silva Meza y Ministra Olga María del Carmen Sánchez Cordero Dávila de García Villegas.

53 A lo anterior, se suma el hecho de que el retiro de los ministros no está en la temporalidad de su mandato, sino en que la Constitución no garantiza que éste sea el último cargo al que pueden aspirar. Así, la Constitución permite que los ministros que se retiran puedan ascender inmediatamente a otro cargo público, salvo que se trate del de secretario de Estado, procurador federal o del Distrito Federal, senador, diputado federal o gobernador. Por lo que, para aspirar a alguno de esos cargos, los ministros en retiro sólo tienen que esperar dos años desde la fecha en que dejan el cargo.

54 Si la principal tarea de la Corte es arbitrar conflictos entre poderes públicos y dirimir controversias entre las fuerzas políticas del país, resulta elemental garantizar que no exista la menor sospecha de que el sentido de los votos a cargo de los ministros pueda estar motivado por las aspiraciones políticas o profesionales futuras que tengan algunos de sus miembros. Ejemplo de ello la red de influencias y las consecuencias sobre asuntos políticos y personales que ejercieron los ex Ministros Mariano Azuela y Góngora Pimentel para patrocinar la defensa entre los aspirantes presidenciales Felipe Calderón del PAN y Andrés Manuel López Obrador del PRD respectivamente.

periodo inmediato posterior. Lo anterior, es un mandato acotado ya que agotado el periodo de su mandato volverá a ser un ministro más[55].

2.3.1. La justicia por procedimiento

El debate teórico y empírico sobre cómo se eligen a los jueces y cómo actúan a partir de 1994, se conoce como *justicia por procedimiento,* la cual ha demostrado que el proceso de elección de los Ministros que integran el Pleno de la Corte, así como el proceso por el cual los jueces llegan a sus decisiones, influye en el resultado y percepción social de las mismas.

A partir de ello, la ideología y ética de los ministros en la impartición de justicia a través de las resoluciones judiciales no radican exclusivamente del contenido de las mismas y de su argumentación, sino que también están correlacionadas positivamente con la forma o proceso a través del cual los ministros llegan a ellas y de la legitimidad con la que deben tomar sus decisiones[56].

2.3.2. La asignación de casos

Dada la enorme carga laboral la Suprema Corte de Justicia opera en dos salas, además de en Pleno. Caso contrario la Corte estadounidense siempre opera en Pleno[57]. Ejemplo de ello en 2013, el Pleno realizó En el período comprendido del 1° de di-

---

55 Cabe señalar que desde 1994 ninguna mujer ha ocupado el cargo de Presidenta de la SCJN, así como tampoco ningún ministro "externo", es decir, que no pertenezca de carrera al PJF. También los últimos Presidentes de la SCJN han ejercido el cargo en periodo de "jubilación" con lo cual la partida económica es diferente a la de un ministro "normal".

56 La ideología política depende del proceso de nominación de los jueces, mediante el cual se transmiten las preferencias políticas del presidente y las mayorías nominadoras a los jueces.

57 A partir de ello, el proceso de decisión de la Corte cuenta con tres características centrales: a) Asignación de casos a partir de un sistema

ciembre de 2012 al 29 de noviembre de 2013, el Tribunal Pleno de la Suprema Corte de Justicia de la Nación celebró 104 sesiones públicas y 51 privadas. Por su parte, las Primera y Segunda Salas sesionaron en 43 y 42 ocasiones. Durante el período mencionado, ingresaron a la Suprema Corte de Justicia de la Nación, para estudio del Tribunal Pleno y de las Salas, un total de 4,775 asuntos diversos a incidentes de inejecución (1,768 asuntos), distribuidos de la siguiente forma: 4,570 (95.7%) asuntos ingresaron al Pleno, 125 (2.6%) a la Primera Sala y 80 (1.7%) a la Segunda Sala. De los 4,647 asuntos egresados, diversos a incidentes de inejecución (2,604), el Pleno resolvió 251 (5%) asuntos, la Primera Sala 2,123 (46%), y la Segunda Sala 2,273 (49%) asuntos[58].

Los asuntos que son turnados al Pleno son asignados a un determinado Ministro a partir de una lista preestablecida. Dicha lista determina un orden secuencial entre ministros. El ministro al que le "toca" el asunto tiene que elaborar el proyecto de sentencia que en su momento discutirán los once ministros. A cambio de esta equidad en el número de asuntos por resolver, y la aleatoriedad en su importancia, el método de asignación inhibe o dificulta el consenso entre los ministros respecto al sentido final de la sentencia. Cuando se asigna un asunto a un ministro determinado con bases aleatorias no es relevante la posición jurídica del ministro respecto del caso a resolver. Tampoco lo es el grado de acuerdo o discrepancia que existe entre los miembros del tribunal. El ministro que proyecta la sentencia puede estar con la mayoría o estar en clara minoría. El proceso por el que se asignan los casos

---

aleatorio, b) Publicidad del debate y deliberación entre ministros, y c) Audiencias informales privativas entre Ministros y quejosos.

58 Juan N. Silva Meza, Informe de las labores del Poder Judicial de la Federación 2013, Este mecanismo asegura una distribución equitativa del número a resolver por cada ministro, aunque no necesariamente garantiza la equidad en la importancia o grado de dificultad que los casos conllevan. A un ministro le pueden tocar, por azar, los asuntos más controvertidos o complejos, mientras que a otros los casos meramente triviales o irrelevantes.

ni siquiera permite saber esto *ex ante*. Es decir, el ministro elabora su proyecto sin conocer previamente la opinión jurídica de sus compañeros de tribunal. Incluso no se circula el material entre sus pares, muchas veces éste se presenta ante el Pleno sin siquiera una lectura por parte de los ministros[59].

La lectura e interpretación del derecho, no resulta claro, ni univoco ni mucho menos incontrovertible. Prueba de ello son los votos concurrentes y disidentes de los propios ministros. Cada uno de los miembros del máximo tribunal tiene, ineludiblemente su propia ideología, sus prejuicios, su forma de entender el derecho, la Constitución y su manera particular de concebir y desempeñar la función de juez constitucional. En la medida en que estas divergencias ideológicas y conceptuales entre los ministros encuentren puntos de consenso y de unidad, las decisiones de la Corte tendrán mayor claridad, contundencia y grado de autoridad hacia el futuro. Las decisiones de la Corte se toman por una estrecha minoría y en donde existen varios votos concurrentes y disidentes sólo reflejan las distintas posiciones jurídicas e ideológicas de los miembros que lo integran[60]. Una decisión constitucional dividida crea incertidumbre jurídica debido a la predictibilidad sobre lo que los ministros harán en el futuro en casos análogos.

Es necesario el consenso entre los ministros a partir del cual se diluyan discrepancias y emitir resoluciones con una sola voz, "la voz de la Suprema Corte", dotó a dicha decisión de la contunden-

---

59 En este sentido, no es relevante la posición jurídica del ministro respecto del asunto a resolver. Cualquiera que fuese el ministro que proyectara el asunto, dados sus conocimientos técnicos, llegaría a un veredicto final similar. Por tanto, el proceso de asignación de casos lo único que tiene que garantizar es que las cargas de trabajo entre los ministros sea lo más equitativo posible.

60 En el caso mexicano, una minoría estrecha no es suficiente para declarar inconstitucional una norma en el caso de una controversia. En estos casos se requiere una mayoría de 8 de 11.

cia política y jurídica que se requiere[61]. Enfrentar el fenómeno de "decisiones divididas" es más complicado dado el propio proceso de asignación de casos. Éste refleja, a su vez, la dificultad que tienen los ministros para hacerse cargo de la diferencias ideológicas, jurídicas y conceptuales que existen entre ellos.

De lo anterior, se confirma la hipótesis de que la elección de los Ministros crea un órgano de deliberación más que jurídico, ético e ideológico en el sentido de la resolución de las controversias que le son puestos de su conocimiento. En síntesis, la ética a nivel Pleno de la Corte es política e ideológica.

2.4. IDEOLOGÍA Y ÉTICA DEL PODER JUDICIAL DE LA FEDERACIÓN

La ideología y ética aplicadas al derecho mexicano se centran en la Constitución como norma y como principio. Así la Teoría Constitucional en nuestro país implica que ha de entenderse que se cuenta con un pensamiento estructurado y continuado de la Constitución, de sus elementos componentes, de la jerarquía de sus normas, de sus criterios de interpretación y de las funciones

61 La mayoría de las decisiones que, por su relevancia, han sido materia de amplia difusión, muestran una Corte dividida, en donde la opinión jurídica de cada uno de sus miembros cuenta más que la autoridad del órgano en su conjunto. Así, por ejemplo, la controversia constitucional sobre la facultad de veto del Presidente tratándose del Presupuesto de Egresos fue resuelta a favor del Presidente por 6 votos contra 5; la controversia constitucional que interpuso la Asamblea Legislativa del D.F. en contra de la decisión de la Cámara de Diputados relativa al desafuero de López Obrador fue resuelta en contra de la Asamblea por 7 votos contra 4; el caso de Lydia Cacho y el Gobernador de Puebla fue una decisión dividida de 6 contra 4 (con la ausencia del Ministro Franco) y el asunto relativo al ejercicio de la facultad de Investigación de la Corte en relación a los hechos sucedidos el 10 de junio de 1971, conocidos como "El Halconazo", fue una decisión de 7 votos contra 4 en el sentido que no procedía dicha investigación.

que debe cumplir respecto de las normas inferiores, primordialmente.

En el mismo sentido la teoría debe ser continuada, en la medida en que la misma haya servido para producir diversas resoluciones o, al menos, fijado la posición del tribunal a lo largo de cierto periodo[62].

Así, podemos dividir jurídica y políticamente el discurso de la Suprema Corte de 1917 a la fecha, tomando como referencia la clasificación siguiente: 1. El periodo constitutivo (de 1917 a 1927), 2. El periodo liberal (de 1928 a 1934), 3. El periodo socialista (de 1934 a 1940), 4. El periodo estatista (de 1940 a 1994), 5. El periodo garantista (de 1994 a 2011), y 6. El periodo internacional —derivado de las reformas constitucionales en materia de Derechos Humanos y Juicio de Amparo—.

Para identificar los alcances de la ética e ideología en la definición de las normas, particularmente de las normas constitucionales. Describiré la ética en general.

2.4.1. Antecedentes generales de la ética[63]

Los orígenes del pensamiento sistemático sobre el bien y el mal se encuentran en Grecia. El primero en denominar "ética" a dichos cuestionamientos fue Aristóteles, quien se refería a estos asuntos como "cuestiones sobre el ethos", esto es, cuestiones sobre el carácter[64].

He referido que en términos de Platón se insistía en tres aspectos que conforman la ética y que deben estar presentes cuando

---

62 En José Ramón Cossío, *La teoría constitucional de la Suprema Corte de Justicia,* Fontamara, México, 2002, p.p. 82-83.

63 Paulina Rivero Weber y Ruy Pérez Tamayo, *Ética y bioética en La construcción de la bioética,* FCE, México, 2007, p. 13

64 Aquí el vocablo eethos aparece con doble "e"; señal de que nos referimos al griego *ηθος*, escrito con "eta", que es una vocal doble.

ésta se construye: a) para hablar de ética es necesario deliberar utilizando la razón y no los sentimientos, b) la ética implica pensar por cuenta propia sin hacer caso de lo que diga la mayoría —no es una decisión democrática—, y c) la ética requiere que se asuma un cometido fundamental: nunca ser injustos[65].

Posteriormente el significado del término *eethos* cambió y se comenzó a usar la palabra *ethos66* con una vocal simple. Esto sucede después de la aparición de los textos homéricos: ya no significara "guarida o hábitat", sino "costumbre o habito". La insistencia en introducir un grupo de vocablos no es cuestión baladí: hábitat y hábito —al igual que sus predecesores *eethos* y *ethos*— son palabras que pertenecen a una familia de significados y cuando ésta se nos presenta tenemos que estar atentos, pues las relaciones entre las palabras nos hablan de relaciones entre los hechos.

Aristóteles describe que, a través del tiempo, finalmente el término ethos cambia su significado de costumbre a hábito. Se flexionó otra vez la vocal, se volvió a escribir con vocal doble, pero no regresó al significado original de "guarida", sino que comenzó a significar "carácter". Este cambio nos indica, según Aristóteles, que el carácter tiene algo que ver con el hábito o costumbre: que el carácter se adquiere o conquista por medio del hábito o, para decirlo con palabras de hoy, mediante la disciplina. De hecho, podemos decir que el carácter moral se adquiere, a veces sin darse cuenta, por medio de costumbres, y el carácter ético se con-

65 Pero es hasta Heidegger que se recupera el significado homérico y pre filosófico de eethos. En textos como la —Ilíada y Odisea— el vocablo eethos significa "la guarida" de los animales; es el lugar en donde el animal se pone a salvo de las inclemencias del tiempo o de sus predadores. El eethos-guarida, diríamos, es el hábitat más propio del animal, en donde se siente más seguro.

66 Nótese que ahora el vocablo se ha transformado: se ha sustituido una vocal doble por una sencilla: ya no es *eethos* (como ηθος) sino *ethos* (como □θος); la "eta" doble pasó a ser "épsilon", vocal sencilla. El cambio de vocales corresponde a un cambio en el significado de las palabras que resultara fundamental.

quista, con muchos esfuerzos, por medio de las costumbres. Pero entre el eethos como carácter y el ethos como costumbre existe una relación que explica el parentesco lingüístico. La familia de significados que mencionamos alude a tres acepciones: guarida, costumbre y carácter; y por ello, en algún sentido, seguramente la ética puede ser para nosotros, hombres y mujeres del siglo XX, una guarida, una costumbre o un carácter.

Si el significado de eethos-guarida resuena en la ética de hoy, es conveniente reflexionar acerca de quién o de qué nos salvamos en la ética. Primero, la ética nos salva de la corrupción del alma. Sócrates, el padre de la ética, enseñó con su muerte que es peor cometer el mal que recibirlo: el verdadero mal es aquel que nosotros hacemos, no el que se hace en contra nuestra. Por qué el mal que nosotros hacemos daña nuestra psique, que para Sócrates es la verdadera identidad del ser humano[67], es lo que somos. Por eso es, pero dañar que ser dañado, y la ética nos salva de dañar, de cometer el mal: la ética nos salva a nosotros mismos, de nuestra ambición o mezquindad, de nuestras debilidades humanas; nos salva de caer, porque es menos malo —diría Sócrates en su apología— ser alcanzados por la muerte que ser alcanzados por el mal. Hay algo más valioso que la vida: la vida digna, la vida buena.

Pero también la ética es guarida por salvarnos de las inclemencias de la moral. Nacemos en una sociedad con una moral que no elegimos. Otros la eligieron y vemos la vida con mirada prestada, tomada de otros; valoramos como "uno" valora, pensamos como "uno" piensa y vivimos como "uno" vive. Así, pronto aprenderemos que uno no dice esas cosas en público, uno no hace tal o cual cosa, uno debe obedecer. La ética nos salva de ser "uno "más del montón de borreguitos buenos, y nos lleva a pensar por cuenta

---

[67] Antes de Sócrates los valores fundamentales del pueblo griego eran la salud física, la belleza del cuerpo, el dinero y la juventud compartida con amigos. Sócrates antepone a esos valores, por primera vez en la historia de occidente, el valor de la psique, que pudiéramos traducir como "alma pensante".

propia, para seguir normas propias: la ética nos salva de la moral. Es necesario estar dispuestos a ser inmorales, si se quiere ser ético. Sócrates fue un inmoral, por eso lo condenaron a muerte; no es raro encontrar individuos éticamente auténticos, que sean inmorales para la sociedad, pero lo más frecuente es encontrar aquellos que siendo moralmente "buenos", son personas sin ética personal, que siguen ciertas normas "por encima" solo para cubrir el expediente. En resumen, a través de nuestras costumbres podemos llegar a crearnos cierto carácter que acaso pueda salvarnos del mal: eso pretende la ética. Porque ethos como carácter, lo tiene cualquiera, pues cualquiera se acostumbra a ciertos hábitos a lo largo de su vida: el quid del asunto radica en si ese ethos es libre y adquirido en forma consciente, si implicó un pensar por cuenta propia o simplemente el individuo se ha dejado moldear por costumbres que ha seguido sin cuestionarse, pro costumbres que estableció la mayoría.

En síntesis, Platón y Heidegger refieren que la ética puede tener al menos dos significados: a) puede ser el estudio racional de los fenómenos morales, b) puede ser la calificación que reciba un acto humano cuando es fruto de la deliberación previa y de la elección[68].

De cualquier forma, se sostienen los principios platónicos: ética se refiere a la reflexión o a la acción que se lleva a cabo cuando se piensa por cuenta propia, razonando y cuidando de nunca dañar a nadie.

2.4.2. Ética política en Dworkin

Las normas constitucionales son normas-principio. A partir de ello, es necesario cuestionar si los jueces ¿toman decisiones políticas?, ¿son políticas sus decisiones?, o ¿debieran ser interpretadas en sentido moral?. Está claro que en cierto sentido deben serlo,

---

68 Paulina Rivero Weber y Ruy Pérez Tamayo, Op. Cit., p. 25

razón por la cual, en muchos casos, la decisión de un juez recibirá la aprobación de un grupo político y el rechazo de otros. No me refiero la discrecionalidad en cuanto a seleccionar casos fáciles o casos difíciles a partir de los cuales se haga una excepción al derecho, quiero plantear el hecho de que el sentido de las resoluciones a cargo de la Corte no se limita exclusivamente a aplicar el derecho desprovisto de ponderaciones axiológicas, éticas, valorativas e incluso ideológicas. En términos de Kennedy:

> "Muchas de las decisiones producidas [por los jueces] revelan profundas divisiones y en algunas llevan la marca de un combate ideológico en bruto..."[69]

Deseo plantear si los jueces deben basar sus decisiones en consideraciones políticas, de modo tal que la decisión no sólo sea la que buscan algunos grupos políticos, sino que además se funde en la creencia de que ciertos principios de moral política son correctos[70]. Incluso algunos académicos afirman que varias de las decisiones son políticas que responden a circunstancias y hechos particulares, —Ejemplo de ello el Pacto de anatocismo en 1995 que significo el rescate bancario-por mucho que los tribunales se esfuercen por presentar los fundamentos de los fallos como técnico-jurídicos. Por ello, se sostiene que las decisiones judiciales (de segunda instancia) son ineludibles y justamente políticas. En este sentido se califica el estudio sobre las controversias y acciones de inconstitucionalidad que tienen por objeto garantizar el federalismo y el principio de división de poderes.

---

69 Duncan Kennedy, Izquierda y derecho. Ensayos de teoría jurídica critica. Siglo XXI, Buenos Aires, 2010, p. 113

70 Un juez cuyas decisiones se basan en motivaciones políticas no decide por motivaciones de política partidaria. Pero los principios políticos en los que cree, por ejemplo, que la igualdad es un objetivo político central, pueden ser más característicos de algunos partidos políticos que de otros. Ejemplo: Bien común o bien público temporal.

> La práctica jurídica es un ejercicio de interpretación no sólo cuando los abogados interpretan documentos o leyes particulares, sino en general. El derecho así concebido es profunda y completamente político. Lo abogados y los jueces no pueden evitar la política en el sentido amplio de la teoría política. Pero el derecho no es una cuestión política personal o partidaria, y una crítica del derecho que no comprenda esta diferencia brindará un entendimiento pobre y una guía más pobre aún[71].

Al respecto cabe señalar los tipos de argumentos basados en principios políticos, que apelan a los derechos políticos de los ciudadanos individuales —Ejemplo de ello los medicamentos para enfermos de virus de VIH—, y argumentos fundados en políticas públicas, que sostienen que una decisión dada debe promover alguna concepción de bienestar general o interés público. Considero que el enfoque correcto es que, en casos polémicos, los jueces fundan sus decisiones, y deben hacerlo, en argumentos de principios políticos y no en políticas públicas.

2.4.3. Consideraciones generales en torno al sentido moral, ético e ideológico de los ministros

He referido que las reglas de elección tienen un efecto sobre quienes ocupan el encargo de ministros y de las expectativas con las que lo ejercen. Por el otro, el método por el cual los once ministros llegan a su decisión, cualquiera que ésta sea, afecta lo que se decide. Así, los ministros cuentan con responsabilidades éticas y morales en la resolución de los asuntos dado el carácter relevante de su posición, ello trae consigo un dilema ético y justo, a partir del cual un juzgador constitucional puede escoger entre por lo menos dos cursos de acción, cada uno de los cuales parece estar bien apoyado por un estándar aceptable de comportamiento.

Aunque no es una información oficial, considero resulta necesario determinar si los ministros ejercen algún credo religioso, sin

---

71 Ronald Dworkin, Una cuestión de principios, Siglo XXI editores, 2012, Argentina, p. 123.

son casados o no, misóginos, feministas, así como si también cuentan con alguna filiación o simpatía con respecto a algún partido político, si son homosexuales o no, incluso si muestran alguna consideración a favor o en contra respecto a tales temas. Ejemplo de las consideraciones anteriores se rescatan de las Acciones de Inconstitucionalidad 146 y su acumulada 147/2007 y sus acumuladas por virtud del cual se decretó la constitucionalidad relativa a despenalización del aborto en el Distrito Federal y respecto al cual alguna ministra se mostró a favor de abortar, dado que era necesario preservar la belleza femenina, igual sentido lo merece la resolución a la Controversia constitucional 31/2006 respecto al cual se marcó como límites a la libertad de expresión los conceptos de "maricón" o "puñal" por virtud del cual la Corte determinó que resultaban palabras ofensivas en contra de quien las profería[72], la Acción de inconstitucionalidad relativa al matrimonio entre personas del mismo sexo, o el Amparo en revisión 2676/2003 relativo discurso nacionalista y organicista en el sentido de señalar que la "patria se desangra" cuando Sergio Hernán Witz construye un poema generando apología a la violencia.

2.5. EL SENTIDO DE LA TOMA DE DECISIONES A CARGO DE LOS MINISTROS Y EL SENTIDO DE SU AGRUPAMIENTO COMO "CONSERVADORES" Y "LIBERALES"

Si bien tales consideraciones no son reflejo exclusivo de una orientación política, sí permite distinguir de igual forma que también su discurso forma parte de un ejercicio de poder, del Poder Judicial de la Federación en términos constitucionales. "Aunque el ejemplo histórico más visible de activismo judicial haya tenido

72 Al respecto se emitió el voto particular que formula el ministro Alfredo Gutiérrez Ortiz Mena en el amparo directo en revisión 2806/2012, resuelto por la primera sala de la Suprema Corte de Justicia de la Nación, en sesión de seis de marzo de dos mil trece.

una orientación progresista[73], lo cierto es que existen ejemplos históricos de todo tipo: tribunales deferentes con poderes políticos progresistas[74], tribunales diferentes con poderes políticos conservadores[75] y tribunales activistas cuya actuación se dirigió contra poderes políticos progresistas"[76]

En México, asuntos como el aborto, el matrimonio homosexual, el fuero militar y la 293/2011 han polarizado el sentido de la toma de decisiones a cargo de los Ministros y el sentido de su agrupamiento como "conservadores" y "liberales". También "internos" y "externos". Lo cual conforman bloques diferenciados en la aplicación de la justicia se han agrupado sistemáticamente en razón de cada asunto calificado como relevante a saber y que

---

73 Me refiero a la justicia federal estadounidense en el periodo de la denominada Corte Warren, que durante los años sesenta y setenta protagonizó en Estados Unidos procesos tales, como el de desegregación racial, desinstitucionalización, limitación del poder de la policía y extensión de la libertad de expresión.

74 Dos ejemplos son útiles al respecto: los tribunales de los países escandinavos, que acompañaron el proceso de "desconstitucionalización" del derecho de propiedad y posibilitaron así el nacimiento de los Estados de bienestar a partir de la entre guerra, y la reorientación de la Corte Suprema estadounidense, en el sentido de acompañar finalmente las medidas del *New Deal*, luego de una férrea oposición al respecto.

75 Se trata de la impronta de la mayoría de las Cortes supremas latinoamericanas en el siglo XX.

76 La historia de la Corte Suprema estadounidense también ofrece ejemplos de esta forma de activismo conservador: durante el denominado periodo Lochner, el tribunal revocó sistemáticamente medidas de regulación del trabajo y la economía, bajo argumentos de afectación del derecho de propiedad y de la libertad contractual. Varios analistas señalan que la actual composición de ese tribunal ha protagonizado una activa cruzada a favor de las inmunidades de los Estados y en contra de leyes federales que promueven la igualdad de oportunidades de grupos sociales postergados. En Chistian Courtis, Legitimidad del poder judicial ante la ciudadanía. En Rodolfo Vázquez (Com.), Corte, jueces y política, Fontamara, México, 2007, p. 62

implica el ejercicio de una acción política o bien la interpretación de un derecho fundamental.

El sentido de la tendencia en cuanto al agrupamiento de los ministros "liberales" y "conservadores" se desplego de la siguiente manera o "bloque"[77]. Los casos a saber, son[78]:

a) Prohibición de discriminación por razón de salud vs eficacia de las fuerzas armadas. Análisis de las decisiones de la SCJN sobre VIH y militares

b) Derecho a la información pública vs derecho a la vida empresarial

c) Prohibición de progresividad vs "viabilidad financiera" del sistema de seguridad social. Análisis de la sentencia de la SCJN que declaró la validez de la "nueva" Ley del ISSSTE

d) ¿prohibición de genocidio vs irretroactividad de la ley?. Análisis de la sentencia de la SCJN que, por mayoría de votos, declaró prescriptible el crimen de genocidio

e) Libertad personal vs Arresto de la madre o padre como medida de apremio en materia familiar. Referencia a la sentencia dictada en el juicio de amparo 210/2011, del Juzgado Sexto de Distrito del Centro Auxiliar de la Primera Región.

f) Prohibición de retroactividad vs Libertad de configuración legislativa

g) Derecho a la vida del nasciturus vs Libertad, intimidad y salud reproductiva de la madre. Referencia a los pronunciamientos de la SCJN y votos particulares relevantes

---

[77] www.monitorjudicial.itam.mx

[78] Fernando Silva García, Deber de ponderación y principio de proporcionalidad en la práctica judicial, Porrúa, México, 2012, p. 5.

h) Libertad de expresión vs protección penal de símbolos nacionales (bandera). Referencia al amparo en revisión 2676/2003 y voto de minoría.

i) Equidad de género vs derecho de acceso formalmente igualitario y democrático a cargos de elección popular. Comentario a la sentencia de la SCJN dictada en las acciones de inconstitucionalidad 7/2009 y acumuladas.

Entre 2007 y 2010, una primera coalición para resolver estuvo a cargo de los ministros: Franco, Luna, Mayagoitía y Valls calificada como "conservadores". Una segunda coalición se integró por los ministros Cossío, Sánchez y Silva Meza calificada como "liberales". Una tercera estuvo a cargo de los ministros Anguiano, Azuela y Gudiño y por último una cuarta coalición se integró por los ministros Aguilar y Zaldívar. La tercer y cuarta coalición se integró progresivamente a la primera y la segunda respectivamente, en el sentido de fallos posteriores y que implican un periodo de 2010 en adelante.

La tendencia anterior, permite establecer por un lado el grado de conservadurismo reflejado como consecuencia del partido político que propuso a cada ministro y que hace presumir un compromiso en cuanto a los principios propios. Recordemos que al día de hoy solo los ministros Silva Meza y Sánchez Cordero fueron propuestos por el PRI como parte de la Corte original de 1994, el resto de los ministros fueron propuestos en administraciones emanadas del PAN. Lo anterior, se fortalece con la tendencia a promover controversias constitucionales por parte de los principales partidos políticos del país, PRI 19%, PAN 28%, PRD 26% y resto de los partidos políticos 27%. Tendencia similar ocurrió al promover controversias en contra de dichos órganos políticos: PAN 30%, PRI 19%, PRD 0.81% y resto de partidos políticos 56.19%. Cabe señalar que la tendencia es hasta 2012, fecha en que el PRI no ocupaba el cargo de Presidente de la Republica[79].

---

79 Aquí se presenta el fenómeno de la fragmentación política que implica que la Corte actuó en contra del partido político en cuestión, solo hasta

2.5.1. Una ideología y ética en la interpretación moral de la Constitución

El *modelo neoconstitucional* explica que la interpretación de la Constitución depende de la forma de entender ésta; es decir, la metodología y consecuentes exigencias interpretativas las cuales no están asociadas a la configuración neutral, objetiva y verdadera de la Constitución, sino más bien a la *reconstrucción peculiar que de ella hacen los intérpretes.* Se dice así que la interpretación de la Constitución ha sido "re-materializada"[80] por la incorporación de normas sustantivas que tienden a limitar el ejercicio del poder mediante imperativos de justicia, que en el lenguaje jurídico reciben distintas denominaciones, a saber: valores, principios, directrices o derechos fundamentales y, son los que producen un fuerte efecto de irradiación sobre el sistema jurídico.

Esta noción destruye el modelo *paleo-positivista* del derecho[81], dado que las normas sustantivas no son otra cosa más que normas morales, ya que no se limitan a una validez formal normativa, ya que el escrutinio constitucional se hace también a la luz de principios de justicia. Así tenemos que la moral ya no flota sobre el derecho, por el contrario, la moral pública en la modernidad impregna la Constitución de eticidad, al constituir nada menos que el puente de unión entre el derecho y la política democrática[82].

En nada beneficia disociar el derecho de la moral, pues ambos encarnan expectativas de justicia, al invocar que los derechos son un consenso jurídico acerca de lo permitido por hacer, más que un consenso moral de lo que debería hacerse. Así que el

---

que éste dejo de ejercer funciones de gobierno, es decir, funciones de poder.

80 Luis Prieto Sanchis, Derecho y moral en la época del constitucionalismo jurídico, *Revista Brasileira de Direito Constitucional*, Río de Janeiro, 2007, núm. 10., p. 67.

81 Luigi Ferrajoli, Las Garantías Constitucionales de los Derechos Fundamentales, *Isonomía*, Alicante, 2006, núm. 29, p. 14

82 Carlos Santiago Nino, *Derecho, moral y política, Ariel*, Barcelona, 1994, p. 387.

sistema jurídico mexicano al enfrentarse a los problemas de interpretación constitucional, se encuentra frente a problemas de principios morales[83] y no de hechos legales o estrategias como el enfoque profesional sugiere. De ese modo, es comprensible que hoy se hable de la Constitución mexicana desde una perspectiva axiológica, sencillamente porque los dilemas para interpretarla, en mucho, son problemas de principios morales.

2.6. CONCLUSIONES

El año de 1994, marcó un paradigma en el sentido de integrar un Pleno de la Corte totalmente nuevo con la elección de 11 nuevos ministros, y a partir de ello la definición de una ética e ideología marcada por dos eventos particulares, el perfil individual de cada uno de los nuevos ministros calificados a partir de entonces como "internos" y "externos", así como del proceso por virtud del cual llegan a sus determinaciones y la selección de asuntos puestos a conocimiento, circunstancia que permite a su vez establecer un segundo referente como "liberales" y "conservadores". Lo anterior, permite establecer la consolidación a que está llamado a ejercer el Poder Judicial Federal en general y la Corte en particular como instrumento de la democracia nacional.

La ética y la ideología son instrumentos por virtud del cual es posible no solo interpretar sino incluso modular y dar sentido a la Constitución mexicana, y a partir de entonces no solo calificarla como norma sino como principio. Ello, dado que los conflictos no son exclusivamente normativos sino de principio, es decir, los conflictos constitucionales son éticos y morales, y a partir de entonces es necesario que los intérpretes de la Constitución también sean también morales, es decir éticos y justos, para consecuencia de ello se construya una teoría que no descanse exclusivamente en lo político sino en lo moral.

---

83 Ronald Dworkin, *Los derechos en serio*, Ariel, 2009, p. 51.

Por último, si la ética en términos de Platón, es racional, anti democrática y tendiente a la justicia, estadísticamente la selección y puesta a trámite de cada uno de los asuntos sometidos al Pleno de la Corte debe ser igualmente transparente, de forma tal que exista una percepción de justicia y equidad en la forma de resolver las controversias puestas a conocimiento, así como de los criterios para su solución.

Capitulo III
Contradicciones de la interpretación constitucional

3.1. INTRODUCCIÓN

La idea de neoconstitucionalismo,[84] conlleva el debate dado entre "filósofos del Derecho con vocación de constitucionalistas y de constitucionalistas con vocación de filósofos del Derecho",[85] tales avatares producen una conjugación de teorías y posturas que no cesan hasta obtener el avance democrático en el mundo globalizado. Por un lado, se aprecia la inclinación hacia una teoría de la argumentación jurídica y moral con Alexy, por otro una inacabable contribución garantista de Ferrajoli, y en líneas no muy separadas Dworkin frente al utilitarismo, Peces-Barba en el predominio de los derechos fundamentales y la dogmática jurídica de Zagrebelsky. Es decir, aunque disgregadas son en conjunto la expresión de la nueva ideología jurídica, que convergen en imponer a la Constitución como un orden jurídico total, entendido como un límite para el poder político alejado de las manos que hallen en ella un instrumento para abusar del poder.[86]

Por ello, una Constitución debe separar las funciones para ejercer el poder, reconocer y garantizar los derechos fundamentales,[87] encauzar las negociaciones propias del juego político, sumar e incluir

---

[84] Atienza, Manuel, *El sentido del Derecho*, Barcelona, Ariel, 2001, pp. 309-310.

[85] Prieto Sanchís, Luis, *Lecciones de teoría del Derecho*, Madrid, McGraw-Hill, 1997, p. 65.

[86] Tomás y Valiente Francisco, "La resistencia constitucional y los valores", *Isonomía*, Alicante, núm. 15-16, 1994, p. 636.

[87] Bovero Michelangelo, "Tutela supranacional de los derechos fundamentales", *El lenguaje de los derechos*, Turín, núm. 18, 2001, p. 12.

las fuerzas reales de la sociedad participativa, estructurar el principio de jerarquía normativa,[88] como parte de los dilemas de su eficacia. De modo que la Constitución habría de aperturar en abstracto una multiplicidad de expectativas como punto de equilibrio.[89]

El Estado constitucional de derecho trae aparejada como suerte de legitimación la justicia constitucional, pues evidencia los actos del poder público que no sean acordes a la protección y eficacia de los derechos fundamentales, así la justicia constitucional es resultado de la integración del Estado democrático, Estado liberal y Estado social;[90] como parte de la emancipación de la democracia.

De lo anterior, es posible inferir que la Constitución es un esquema infiltrado a nivel axiológico, pues constituye una exigencia el reconocer valores en sí misma, incluso hace algunas décadas se explicó que la constante evolución del derecho ha sido llevada de la mano con la migración de la moral a los textos jurídicos positivos,[91] lo cual viene a entonar que la función integradora de la Carta Magna opera también a partir de valores. Aceptada la idea de que en la Constitución la cuestión primaria no es de poder, sino de valor, se advierte que de la función social del máximo ordenamiento se desprende la prevención de los peligros probados, sistema mismo que requiere de una clara conciencia de ciertos males potenciales de los sistemas políticos.[92]

---

88 Schmill, Ulises, "La norma fundante básica y el origen conceptual de la normatividad", *Analisi e diritto 2007*, Universitá degli studi di Genova, Facoltá di Giurisprudenza, 2003, pp. 92-122.

89 Aguiló, Josep, "Sobre el constitucionalismo y la resistencia constitucional", *Isonomía*, Alicante, núm. 26, 2003, p. 289.

90 Cossío, José Ramón, "Constitutional justice in Ibero-America: social influence and human rights", *Mexican Law Review. New Series*, México, Volume II, nom. 1, July-December 2009, p. 153.

91 Habermas, Jürgen, "¿Cómo es posible la legitimidad por vía de legalidad?", *Isonomía*, Alicante, núm. 5, 1988, p. 43.

92 Kay, Richard, "Constitutional Chrononomy", *Ratio Juris: An international journal of jurisprudence and philosophy of law*, Connecticut, Vol. 13, núm. 1, 2000, p. 39.

Por lo tanto, el fracaso en erradicar males como la exclusión social, la permisión de acrecentar la dominación política, hablar de la imposibilidad protectora de derechos fundamentales constitucionalizados, el trato desigual en excepcionales circunstancias,[93] constituye una contradicción interna que impide la armonización del texto constitucional.

De ahí que se afrontan complicaciones, porque aseverar que la Constitución contiene intrínsecamente contradicciones tendría que entenderse como algo propio de la conducta humana, pues no siempre es posible asumir la función de un legislador racional,[94] empero de eso a resignarlo, controvierte los fines del diseño de instituciones y de decisiones fundamentales que la Constitución estabiliza.

Ello guarda consonancia con la clasificación ontológica de la Constitución de Löewenstein, pues advirtió que el punto de partida es la tesis de que una Constitución escrita no funciona por sí misma, sino que una Constitución es lo que los detentadores y los destinatarios del poder hacen de ella en la práctica, ya que su función normativa es determinar realmente la dinámica del proceso del poder en lugar de estar sometida a ella;[95] no sobra agregar que, además la Constitución ha de ser congruente en esencia, caso contrario, tiene la capacidad de asumir mutaciones sin desvirtuar la finalidad digna de ser favorecida por determinadas medidas incluidas en el texto constitucional que pueden servir para lograr una eficacia duradera, es decir, mediante la herramienta de la interpretación constitucional. Así, es momento de incursionar en la contradicción interna de la Constitución mediante la interpretación, los riesgos y efectos de ésta, la democracia vía constitucionalizada y el activismo judicial, a través de la eliminación de características que impliquen un inmi-

93 Carbonell, Miguel, *La igualdad insuficiente: propuesta de reforma constitucional en materia de no discriminación*, México, IIJ-UNAM y CNDH, 2009.

94 Ezquiaga, Francisco, "Argumentos interpretativos y postulado del legislador racional", *Isonomía*, Alicante, núm. 1, 1994, pp. 69-98.

95 Löwenstein, Karl, *Teoría de la Constitución*, Barcelona, Grijalbo, 1979, p. 216.

nente riesgo a principios, valores o derechos insertados en la Constitución y a los cuales no puede dar la espalda, pues la resistencia a la admisión de la igualdad y la no discriminación es transgredir un concepto con vena moral.[96]

Por lo tanto, se analiza la pertinencia de que el juez constitucional en su carácter democrático, siendo respetuoso con el legislador imponga criterios de indisponibilidad a éste, para conceder una validez fuerte al ordenamiento constitucional, lo que encauza a tomar medidas correctivas de las deficiencias deliberativas existentes en el parlamento. Su justificación se alinea en el pensamiento de que la Constitución, para tener reconocida su eficacia inmediata y directa, debe asumir los fines que se propone,[97] uno de ellos entendido como principio, es la igualdad.

De ello se cae en cuenta de que, la responsabilidad primaria del legislador es la conducción del ordenamiento supremo en su función limitada y tangencial; sin embargo, al contrariar el sentido interno de la Constitución y el paradigma sobre la cual se edifica, atañe al Poder Judicial la reconducción de tal ordenamiento a los principios y búsqueda de programas constitucionales que obtengan su eficacia.

3.2. INTERPRETACIÓN CONSTITUCIONAL Y MORAL

La Constitución ha sido "rematerializada" *98* a partir de la incorporación de normas sustantivas que encaminan su objeto a li-

---

96 Voto concurrente del Juez Sergio García Ramírez en el Caso *Yatama vs. Nicaragua*, San José, Costa Rica, Corte Interamericana de Derechos Humanos, Sentencia del 23 de junio de 2005, Serie D, párrs. 23 y 24, p. 6.

97 Zagrebelsky, Gustavo, "La constitución y sus normas"; en CARBONELL Miguel (Coord.), *Teoría de la Constitución, ensayos escogidos*, ed. 4ta., México, Porrúa, 2008, p. 79.

98 Prieto Sanchís, Luis, "Derecho y moral en la época del constitucionalismo jurídico", *Revista Brasileira de Direito Constitucional*, Río de Janeiro, núm. 10, 2007, p. 67.

mitar el ejercicio del poder mediante imperativos positivos; dichas normas reciben variadas denominaciones como valores, principios, directrices o derechos fundamentales, los cuales aglomerados producen un efecto de irradiación sobre el sistema jurídico.

Ello viene a volcar el paleo-positivismo,[99] dado que sencillamente esas normas sustantivas no son otra cosa más que normas morales; ya que en lugar de verter un juicio moral sobre la justicia de la norma como anteriormente se hacía, ahora se realiza un juicio jurídico sobre la validez de la misma, dado que la moral ya no flota sobre el Derecho. Por el contrario, la moral pública en la modernidad impregna la Constitución de eticidad pues constituye nada menos que el puente de unión entre el Derecho y la política democrática,[100] así que en nada beneficia disociar el derecho y la moral, pues ambos encarnan expectativas de justicia, al invocar que los derechos son un consenso jurídico acerca de lo permitido por hacer, más que un consenso moral de lo que debería hacerse dado que es un reclamo evolutivo del sistema jurídico.

Esos cambios representan una extensión de la conciencia jurídica, los cuales para su operatividad requieren dotar de valor las propiedades estructurales en el constitucionalismo, ya que las percepciones que le recorren se ven de manera diferente si se miran desde la perspectiva de quien tiene poder político que si se miran desde la perspectiva de quien está sometido al poder político,[101] esto es, las vértebras que componen ese paradigma deben obtener legitimidad desde un concepto valorativo.

Entonces el sistema jurídico mexicano se impregna crucialmente en el hecho de que los problemas de interpretación constitucional, son, en lo más profundo, problemas de principios

---

99 Ferrajoli, Luigi, "Pasado y futuro del Estado de Derecho"; en CARBONELL Miguel (Coord.), *Neoconstitucionalismo(s)*, 3ra. ed., Madrid, Trotta, 2006, p. 14.

100 Nino, Carlos Santiago, *Derecho, moral y política*, Barcelona, Ariel, 1994, p. 387.

101 Bobbio, Norberto, *El futuro de la democracia*, Barcelona, FCE, 1985, p. 129.

morales,[102] no de hechos legales o estrategias como el enfoque profesional sugiere. De ese modo, es comprensible que se hable de la Constitución Mexicana desde una perspectiva axiológica.

Pues en efecto la Constitución Mexicana contiene un sistema de valores, aunque en el contexto histórico del Constituyente de Querétaro en 1917, la Ley Fundamental incluía solo elementos declarativos que reflejaban la forma de Estado y también tenían la intención de buscar jurídicamente un cambio social, es decir, la Constitución desde entonces contenía determinaciones normativas para ejecutar tal proyecto político una vez que el mismo se había hecho norma jurídica constitucional,[103] pues en aquel entonces la Constitución fue más una idea política que una normativa, pero al cabo de la evolución del derecho, los alcances jurídicos de las normas desde un sentido prescriptivo[104] han contribuido a la edificación de una construcción interpretativa que no habría de confrontarse desde sus entrañas, o mejor dicho, desde su reconocimiento de validez normativa: la Constitución, como primordial manifestación del sistema de valores.

Anteriormente el análisis jurídico de las normas constitucionales en México se caracterizó por la insuficiencia de estudios teóricos sobre la Constitución para identificar no sólo sus funciones, sino las mismas normas que la componen, y consecuentemente, el tipo de contenidos que a tales normas corresponde,[105] lo que involucró que la resolución de conflictos respecto de normas constitucionales, fuese ineficiente para colmar de sentido o sustancia la norma misma a la luz del planteamiento de la problemática.

---

102 Dworkin, Ronald, *Los derechos en serio*, España, Ariel Derecho, 2009, p. 51.

103 Sánchez Gil, Rubén, "Los valores de la Constitución Mexicana"; en Baez, Carlos *et al.* (Coords.), *Estudios sobre Interpretación y Argumentación Jurídicas*, México, Laguna, 2009, p. 244.

104 Bobbio, Norberto, *La teoría de las formas de gobierno en la historia del pensamiento político*, ed. 2da., México, FCE, 2007, p. 10 y 11.

105 Cossío, José Ramón, "Régimen político e interpretación constitucional en México", *Isonomía*, Alicante, núm. 5, 1996, p. 44.

Entre las significativas interpretaciones que contribuyen con cierta eficacia a la incorporación axiológica al texto constitucional se encuentra la controversia constitucional 19/95[106] la cual básicamente fortificó el principio *pro actione* en tal medio de defensa, pues se cuestionó si la demanda presentada fue extemporánea, según el argumento que hizo valer el gobernador demandado, a lo cual, con una decisión ejemplar el Alto Tribunal impulso el funcionamiento axiológico de los derechos fundamentales, pues contó el plazo para la presentación de la demanda a partir de que el municipio actor tuvo conocimiento del acto impugnado.

También la controversia constitucional 31/97,[107] pues en su resolución se estableció que el criterio de protección de la controversia constitucional incluía el bienestar de la persona humana, esto es, incluyó que la utilización de este medio de defensa para la regularidad constitucional también protegía los derechos fundamentales; de la misma manera se atribuyó el protagónico papel de tribunal constitucional explicando tácitamente que tales derechos pertenecen al sistema de valores del Código Supremo, pues racionalizó con tendencia argumentativa axiológica la defensa integral del orden fundamental.

La Primera Sala al interpretar el artículo 1o. constitucional, el cual establece que sólo con base en una disposición constitu-

---

106 "CONTROVERSIAS CONSTITUCIONALES. LA GARANTÍA DE DEBIDO PROCESO LEGAL PREVISTA EN EL ARTÍCULO 14 DE LA CONSTITUCIÓN, DEBE RESPETARSE A LAS PARTES PARA INTERPRETAR SI LA DEMANDA FUE PROMOVIDA OPORTUNAMENTE", Tesis P./J.65/96, *Semanario Judicial de la Federación y su Gaceta,* Novena Época, t. IV, noviembre de 1996, p. 327.

107 "CONTROVERSIA CONSTITUCIONAL. LA FINALIDAD DEL CONTROL DE LA REGULARIDAD CONSTITUCIONAL A CARGO DE LA SUPREMA CORTE DE JUSTICIA DE LA NACIÓN INCLUYE TAMBIÉN DE MANERA RELEVANTE EL BIENESTAR DE LA PERSONA HUMANA SUJETA AL IMPERIO DE LOS ENTES U ÓRGANOS DE PODER", Tesis P./J.101/99, *Semanario Judicial de la Federación y su Gaceta,* Novena Época, t. X, septiembre de 1999, p. 708.

cional podrá limitarse las garantías individuales, opinó que dicho precepto "*evidencia la voluntad constitucional de asegurar en los más amplios términos el goce de los derechos fundamentales*, y de que las limitaciones a ellos sean concebidas restrictivamente, de conformidad con el carácter excepcional que la Constitución les atribuye. Por ello, siempre que la acción clasificadora del legislador incida en los derechos fundamentales garantizados constitucionalmente, será necesario aplicar con especial intensidad las exigencias derivadas del principio de igualdad y no discriminación"[108] aún extendido hasta las acciones legislativas, lo que intensifica la potencialización de los iusfundamentales.

Bajo esa óptica destaca que de la misma forma la Segunda Sala de la Corte ha sentado el criterio de que la validez de la presunción de inocencia "no se limita a dicha rama jurídica, sino se extiende a cualquier materia y opera también en las situaciones extraprocesales",[109] con lo cual efectiviza el sistema de valores de la Constitución, pues optimiza el principio de que se habla.

De ese modo se aprecia que el resultado de dichas resoluciones, contiene implícita o explícitamente contenidos de índole valorativo, como el carácter axiológico de las disposiciones constitucionales respecto de los derechos fundamentales, así como el papel que le corresponde dentro del esquema estructural que diseña la Constitución, contienen además una fuerte justificación ética, se confiere plena eficacia a dicho ordenamiento supremo aún en la procedencia de la controversia constitucional. Pero su análisis no es exhaustivo por esa razón, se enlistan únicamente otras de tras-

---

108 "IGUALDAD. CASOS EN LOS QUE EL JUEZ CONSTITUCIONAL DEBE HACER UN ESCRUTINIO ESTRICTO DE LAS CLASIFICACIONES LEGISLATIVAS (INTERPRETACIÓN DEL ARTÍCULO 1o. DE LA CONSTITUCIÓN POLÍTICA DE LOS ESTADOS UNIDOS MEXICANOS)", Tesis 1ª./J.37/2008, *Semanario Judicial de la Federación y su Gaceta,* Novena Época, t. XXVII, abril de 2008, p. 175.

109 "PRESUNCIÓN DE INOCENCIA. ALCANCES DE ESE PRINCIPIO CONSTITUCIONAL", Tesis 2ª./XXXV/2007, *Semanario Judicial de la Federación y su Gaceta,* Novena Época, t. XXV, mayo de 2007, p. 1186.

cendencia jurídica: acción de inconstitucionalidad 10/2000,[110] controversia constitucional 6/96,[111] y recientemente la controversia constitucional relativa a la invasión de competencia de la Federación al Estado de Jalisco, por imponer la obligación de ofrecer la píldora post-coital a las víctimas de una violación, mecanismo de protección amparado en la Norma Oficial Mexicana 046 que la Corte determinó constitucional.

El panorama dibujado sobre la función interpretativa de la Corte puede establecerse como un progreso simultáneo y paralelo entre el papel de la jurisdicción y el Estado constitucional democrático,[112] pues en una democracia avanzada, se relaciona la expansión del derecho como técnica de regulación de los poderes públicos. Entonces la interpretación ahora autoriza la validez de las leyes pues el legislador no es ya omnipotente en la creación de leyes, sino que dichos ordenamientos jurídicos deben ser coherentes con los principios constitucionales, que son los que imponen la dimensión sustancial al Estado constitucional democrático.

Como es el caso de la Corte Suprema de los Estados Unidos de Norteamérica que a través de los años ha recopilado una im-

---

110 Determinó que la norma penal no dispone que, a determinados productos de la concepción, por sus características, se les pueda privar de la vida, pues en dado caso se generaría un trato discriminatorio "ABORTO. EL ARTÍCULO 334, FRACCIÓN III, DEL CÓDIGO PENAL PARA EL DISTRITO FEDERAL, NO TRANSGREDE LA GARANTÍA DE IGUALDAD, PUES NO AUTORIZA QUE SE PRIVE DE LA VIDA AL PRODUCTO DE LA CONCEPCIÓN", Tesis P.IX/2002, *Semanario Judicial de la Federación y su Gaceta,* Novena Época, t. XV, febrero de 2002, p. 415.

111 "CONTROVERSIA CONSTITUCIONAL. ES PROCEDENTE EL CONCEPTO DE INVALIDEZ POR VIOLACIONES INDIRECTAS A LA CONSTITUCIÓN POLÍTICA DE LOS ESTADOS UNIDOS MEXICANOS SIEMPRE QUE ESTÉN VINCULADAS DE MODO FUNDAMENTAL CON EL ACTO O LA LEY RECLAMADOS", Tesis P./J.23/97, *Semanario Judicial de la Federación y su Gaceta,* Novena Época, t. V, abril de 1997, p. 134.

112 Atienza, Manuel y Ferrajoli, Luigi, *Jurisdicción y argumentación en el Estado constitucional de derecho,* México, IIJ-UNAM, 2004, p. 88.

portante edificación de precedentes para maximizar los derechos fundamentales, tal fue el caso de la sentencia Brown V. Board of Education of Topeka,[113] en el que declaró que el derecho de educación proporcionada por el Estado sea igual tanto para afroamericanos como para blancos, además de que todas las personas, cualquiera que sea su color dispongan de la misma protección de las leyes, eliminando toda discriminación por razón de estirpe, pues no debería existir sugerencia de inferioridad de raza en una sociedad democrática.

El anterior precedente tal como los pronunciados por la Corte Mexicana, resaltan la capacidad misma de invalidar la producción legislativa que viole la dimensión sustancial del Código Supremo. En esa medida deviene una legitimación jurídica interna o formal, como su justicia o legitimación política o externa sustancial; ya que el juez constitucional en realidad es un contrapoder a la mano del justiciable, pues abre la brecha para legitimar al Poder Judicial y también posibilita la completa instrumentación del "sistema de garantías"[114] a los gobernados en un Estado democrático, entonces resulta importante destacar que el Alto Tribunal mediante la interpretación constitucional ha intensificado los avances para resolver la contradicción de leyes frente a la Constitución, pero su parcial activación contextual visto desde el nuevo paradigma del que se ha venido hablando, nuevamente deja entrever la importancia de dar respuesta a la forma de proceder, por contradicciones intrínsecas de la Ley Suprema, que contrarían toda fundamentación sobre la que se cimienta el paradigma del constitucionalismo post-positivista o neoconstitucionalista.

---

113 Beltrán de, Felipe Miguel y González García, Julio, *Las sentencias básicas del Tribunal Supremo de los Estados Unidos de América*, Madrid, Centro de Estudios Políticos y Constitucionales, 2004, pp. 284-290.

114 Ferrajoli, Luigi, *El fundamento de los derechos fundamentales*, Madrid, Trotta, 2001, p. 327.

3.3. EL PRINCIPIO DE IGUALDAD COMO PARÁMETRO DE INTERPRETACIÓN

El principio de igualdad, es una construcción jurisprudencial que subyace a la estructura constitucional,[115] es uno de los valores superiores dentro del neoconstitucionalismo, pues a falta del mismo solamente puede existir una concepción parcial de una Constitución.

Es claro además que en la edificación de tal principio la Corte Mexicana ha sido protagónica, pues ha tenido en cuenta que la igualdad es un mandato fundamentado en la axiología, que desde el punto de vista jurídico es indeterminable, aunque siempre será un deber condicional inderrotable,[116] el cual requiere de un esfuerzo de creatividad del operador en revisión a la hora de interpretar si alguna norma o situación puede lesionarlo, dado que la igualdad designa un concepto relacional, no una cualidad de una persona, de un objeto, o de una situación, cuya existencia pueda ser afirmada o negada como descripción de esa realidad aisladamente considerada; es al menos una relación que se da entre dos personas, objetos o situaciones. Se habla de un juicio que recae sobre la pluralidad de elementos, términos de comparación entre los cuales debe existir una diversidad espacial y/o temporal, así que los elementos comparados son condición imprescindible para generar el juicio de igualdad,[117] sugiriendo un sistema reflexivo sobre los rasgos o calidades en los objetos discernibles.

Implícitamente viene a colación que los cuatro criterios axiológicos bajo los cuales los derechos fundamentales hallan su

---

115 Rubio Llorente, Francisco, "La igualdad en la jurisprudencia del tribunal constitucional", *Revista Española de Derecho Constitucional*, núm. 31, 1991, p. 9.

116 Rodríguez, Jorge y Sucar, German, "Las trampas de la derrotabilidad. Niveles de análisis de la indeterminación del derecho", *Analisi e Diritto 1998*, pp. 277-305.

117 Rubio Llorente, Francisco, *La forma del poder. Estudios sobre la Constitución*, Madrid, Centro de Estudios Constitucionales, 1993, p. 640.

fundamento tienen una crítica bastante afinada que sirve para amplificar el contenido del debate discursivo respecto de los citados derechos y principio en comento, la que formula Vitale al explicar que los criterios le parecen razonables y con un cálculo proposicional correcto, no obstante, la filosofía política moderna de Ferrajoli se encuentra insertada en un valor prioritario de la igualdad, valor que en el fondo absorbe a los otros tres.[118]

El Derecho por sí, es una estructura dotada de sentido que como fin último pretende ser justo (como proyección de la pretensión de la legitimidad del poder) lo cual conduce directamente al principio de igualdad, como un sistema de equivalencia equilibrador. Es por esto y más que, la positivización del principio de igualdad es tan importante en el neoconstitucionalismo, ya que juridifica una condición de trascendencia para la justificación del nuevo paradigma del constitucionalismo. Por la misma razón el principio de igualdad como garantía en la aplicación judicial del derecho, excluye toda posibilidad de discriminación o distinciones de trato.

Es pues la igualdad un fundamento indiscutible del derecho, y por tanto de la norma condicional de validez del sistema jurídico: la Constitución, la cual tiene el deber de contemplar ese principio desde todas sus facetas: igualdad en la ley, igualdad en la aplicación de la ley, principio genérico de igualdad y mandato antidiscriminatorio.

Es así que el principio de igualdad tiene que corresponder en congruencia la extensión del texto constitucional, es decir, no debe permitir el recogimiento de ecos que distorsionen el verdadero sentido de la Constitución, cuando tal ordenamiento al interior consienta la juridificación de la desigualdad; ya que solo y sólo sí todos los ciudadanos son iguales ante la ley, son igualmente admisibles a la dignidad humana, mientras que de esa manera potencialmente se suprimen las distinciones irrazonables y arbitrarias.

---

118 Vitale, Ermanno, "Reflexiones sobre el paradigma de los derechos fundamentales", *Isonomía*, Alicante, núm. 16, abril 2002, p. 44.

Tanto que, para optimizar el mandato antidiscriminatorio,[119] pueden utilizarse como eje las acciones positivas,[120] que tienen su justificación en la reparación de las desigualdades, pues al final del camino tal principio como de superior importancia en el sistema de valores, es la condición imprescindible para el ejercicio de los derechos fundamentales, que son el contenido moral de las democracias. Dichas acciones son legítimas al constituir el remedio por excelencia para la discriminación, cuando ésta se encuentra arraigada en un determinado sector social, incluso porque tienen la función resarcitoria a la víctima discriminada, aunque el tema es inagotable por la cantidad de conjugaciones lingüísticas de un concepto viajero.[121]

Entonces, tanto la construcción jurisprudencial como los postulados del neoconstitucionalismo, sostienen *a priori* la necesidad de la igualdad como principio normativo abstracto, que el derecho mismo ha de respetar por principio, pues condiciona la sustancialidad y eficacia del texto constitucional. Es obligación de un sistema inserto en la constitucionalización el denunciar las posibles inconsistencias del mismo, por quiebras en las distintas líneas teóricas, para que prevalezca su pretensión de fidelidad.

3.4. CONTRADICCIÓNES EN LA CONSTITUCIÓN MEXICANA

Resulta oportuno citar algunas de las contradicciones que al interior de la Constitución producen desigualdad o discriminación, y que por consecuencia directa producen una infidelidad teórica de la Carta Magna a los postulados del neoconstituciona-

119 Häberle, Peter, *Libertad, igualdad y fraternidad. 1789 como historia, actualidad y futuro del Estado constitucional*, Madrid, Trotta, 1988, p. 45.

120 Durán, Paloma, "Una aproximación comparada a las acciones positivas. El caso de Italia, Noruega y Argentina", *Anales de la Cátedra Francisco Suárez*, España, núm. 34, 2000, pp. 279-298.

121 Schedler, Andreas, *¿Qué es la rendición de cuentas?*, México, IFAI, 2003, p. 32.

lismo; esto es, la fundamentación teórica sobre la cual se inclina la ola teórica descanse el Código Supremo está contrariado por dicho texto normativo, lo cual es inadmisible, porque entonces la Constitución positiviza la desigualdad en un Estado democrático, circunstancia que ni siquiera está justificada razonablemente bajo la permisión de limitar los derechos fundamentales, según las condiciones que el ordenamiento elemental señale, como lo dispone su artículo 1o., pues de ese modo en realidad se estaría en presencia de un "constitucionalismo de fachada",[122] porque los derechos tienen una función meramente decorativa, una vez que no hay operatividad de estos bajo el principio de la igualdad.

Lo antepuesto viene asegurado dado que en la teoría más reciente teoría de los derechos humanos la ausencia de garantía, y por tanto ineficacia de los primeros llega a considerar a un derecho positivado constitucionalmente como un *no derecho,* pues como lo refiere Danilo Zolo, que no son propiamente derechos subjetivos las expectativas carentes de un aseguramiento real, aunque éstas se encuentren reconocidas normativamente,[123] lo mismo sucede al implementar la desigualdad al interior de la Constitución, como regla de reconocimiento del sistema jurídico mexicano, es decir, su punto de encuentro de validez es endeble. Tales contradicciones las hallamos en los siguientes artículos:

a) Discriminación por xenofobia, insertada en el artículo 33 constitucional.

b) Discriminación al ciudadano independiente, para accesar a cargos de elección popular, conforme al artículo 41, fracción I, constitucional.[124]

---

122 Cárdenas, Salvador (Coord.), *La Constitución mexicana y sus alegorías,* México, SCJN, 2006, p. 122.

123 *Véase* Zolo, Danilo, "Libertad, propiedad e igualdad en la teoría de los derechos fundamentales", *Isonomía,* Alicante, núm. 22, 2006, pp. 35-51.

124 Para ilustrar sirve el Caso *Castañeda Gutman vs. Estados Unidos Mexicanos,* San José, Costa Rica, Corte Interamericana de Derechos Humanos, Sentencia del 6 de agosto de 2008.

c) Discriminación de acceso a la protección de derechos humanos, por razón del poder donde emanó el acto de autoridad que se reclama, según el artículo 102, apartado B, de la Carta Magna.[125]

d) Discriminación de acceso a la tutela judicial efectiva, por razón de ser trabajador al servicio del Estado, artículo 123, apartado B, fracción XIII, último párrafo, constitucional.

e) Discriminación en el derecho de propiedad, a los no nacionales, conforme al numeral 27, fracción I, constitucional.

f) Discriminación de grupos infrarrepresentados, en la tutela de la ampliación de sus derechos fundamentales, en apreciación del principio contenido en el artículo 105, fracción II, de la Ley Suprema.

Ésta última por su complejidad, es preferible explicarla con mayor profundidad. En una democracia esencialmente debe existir protección de los grupos vulnerables, pues es normal la existencia de una situación de *status quo* universal que hace que las fuerzas intrínsecas que subyacen tras el Derecho tiendan a alcanzar una cierta estabilidad. La regla se basa en que ninguna fuerza social ejerza ningún impulso negativo sobre otra, es lo que se denomina *neminem laedere*,[126] que representa un equilibrio, aunque el Derecho es un cuerpo vivo que se estructura sobre una serie de fuerzas que se mueven de modo impreciso y difuso, lo que produce que en innumerables ocasiones las fuerzas sociales rompan con ese *status quo*, y se demande un reequilibrio, normalmente esa fractura de estabilidad es generada por las fuerzas sociales fuertes, sobre las débiles.

---

125 Ferrajoli, Luigi, "Derecho y Dolor", *Isonomía*, Alicante, núm. 27, 2007, pp. 195-204.

126 Rodríguez-Magariños, Faustino Gudín, "Acerca de la interacción de las leyes físicas sobre el ordenamiento jurídico", *Revista Telemática de Filosofía del Derecho*, núm. 13, 2010, pp. 67 y 68.

Sucede que la calificación de vulnerabilidad a determinados conglomerados humanos deviene del análisis de su naturaleza multifactorial, pero esa vulnerabilidad representa un estado de debilidad, la ruptura de un equilibrio precario que arrastra al individuo o al grupo a una espiral de efectos negativos acumulativos, que no sólo acarrea la insatisfacción de necesidades materiales, sino que también incluye la pesadumbre de conductas discriminatorias.[127] Tan es así que la vulnerabilidad supera el factor de la pobreza,[128] pues simboliza un desplazamiento en el contexto nacional, como ha resultado el trato de exclusión hacia las personas homosexuales, lo que causa precisamente su falta de representación en las instancias del poder público.

Desde una perspectiva igualitaria podría pensarse que lo que resulta incorrecto de la discriminación es que perpetúa el bajo estatus social históricamente condicionado de algunos grupos sociales, de esa manera existe también una desigualdad moral entre cierto sector y el resto del conglomerado, que no necesariamente halla su fundamento en una teoría moral del establecimiento de las desigualdades necesarias,[129] sino todo lo contrario, prevalece la idea de las preferencias adaptativas, podría decirse inclusivas de los grupos vulnerables en el Estado democrático.

Aterrizado lo anterior, es posible percibir que en la realidad sí hay un trato distinto por infrarrepresentación de las personas con preferencias sexuales distintas a las heterosexuales en la tutela de la ampliación de sus derechos fundamentales tergiversado al interior de la Constitución, según el principio para la promoción de acciones de inconstitucionalidad (artículo 105, fracción II) es de-

---

127 González Galván, Jorge *et al.*, *La pluralidad de los grupos vulnerables: Un enfoque interdisciplinario,* México, IIJ-UNAM, 2008, p. 226.

128 Brewer-Carías, Allan, *Los derechos humanos desde la dimensión de la pobreza. Una ruta por construir en el sistema interamericano,* San José, Instituto Iberoamericano de Derechos Humanos-IIDH, 2007, p. 45.

129 Puyol González, Ángel, "¿Qué hay de malo en la discriminación?", *Isonomía,* Alicante, núm. 29, 2006, pp. 77-82.

cir, tal mecanismo de defensa constitucional, haya su justificación en el principio de la dificultad contra mayoritaria.[130]

Así que la polémica interposición de tal medio de control contra la creación del derecho a que las parejas del mismo sexo contraigan matrimonio o incluso tengan la posibilidad de adoptar niños en el Distrito Federal, resta sentido a la democracia sustancial, según tres argumentos: *i.* la promoción de un mecanismo defensor de las minorías (grupos vulnerables) para restringir los derechos dados a tal sector social es un contrasentido; *ii.* se fomenta el trato discriminatorio a las personas con preferencias sexuales diferentes, esto es, se justifica el factor diferencial irrazonablemente, pues constitucionalmente habría de concederse un trato inclusivo a la permisión de distinciones normativas; y, *iii.* la Constitución, a final de cuentas intrínsecamente pregona el mandato antidiscriminatorio, aunque el acceso a la tutela judicial pone en evidencia la posible limitación de derechos fundamentales a una minoría.

Esta circunstancia más que presentar el principio mayoritario y los derechos fundamentales como contrarios, en realidad continúa en la búsqueda de una fórmula por la que el principio mayoritario sea un medio que permita garantizar tales derechos,[131] por tanto, se trata de garantizar la ampliación de derechos fundamentales en beneficio de grupos vulnerables, promoviendo constitucionalmente la minimización a la marginación e indefensión jurídica. Ya que el mejor sistema para aminorar las diferencias se encuentra apoyado en el catálogo de derechos fundamentales, insertado en la Constitución, asegurando también la pluralidad social, elemento indispensable de una democracia germinal.

---

130 Cárdenas, Jaime, *Acerca de la legitimidad democrática del juez constitucional*, México, IIJ-UNAM, 2006, p. 81.

131 Sanden, Joachim, "Methods of interpreting the Constitution: Estonia´s way in a increasingly integrated Europe", *Juridica International*, University of Tartu, 2003, p. 131.

Esto aporta que el fin último sea preservar y ampliar los privilegios del grupo discriminado, porque la injustificación de la discriminación explica que ese trato distinto no es malo por sí mismo, sino en todo caso por los efectos negativos que produce, es decir, la igualdad misma a la tutela de la ampliación de sus derechos fundamentales.

Ahora bien, aun cuando el neoconstitucionalismo todavía trata de encauzar su explicación, o sea, un nuevo paradigma jurídico *in statu nascendi*, hay quienes afirman que la nueva concepción del fenómeno jurídico son teorías dispersas que convergen en una nueva actitud hacia el Derecho, presidida con regularidad por cierto neorrealismo y cierto neoiusnaturalismo.[132]

Por su parte hay quien dice que dicho modelo es el producto de la unión de lo mejor de los dos tradicionales modelos de constitucionalismo francés y norteamericano, pues del primero se recoge el extenso listado de derechos, y del segundo los mecanismos que garanticen la eficacia de estos.[133]

Alfonso García acierta en señalar que del conjunto de teorías aglomeradas en el paradigma neoconstitucional destacan cuatro aspectos; el material que consiste en la recepción del sistema jurídico de ciertas exigencias de la moral crítica bajo la forma de derechos fundamentales; el estructural de la constitucionalización del ordenamiento tiene que ver con la estructura de las normas constitucionales; el funcional expresado a través del tipo de argumentación que éstas fomentan; el político representa las importantes consecuencias en la relación de fuerzas de los poderes del Estado, entre la más importante se advierte la acentuación del desplazamiento del protagonismo desde el Legislador hacia el Judicial en el Estado constitucional. Hay quienes fuertemente han

---

132 García Figueroa, Alfonso, "Haciendo justicia desde el lado activo del derecho. Teoría de la argumentación y teoría del derecho", *Revista de Ciencias Sociales*, Chile, núm. 3, 2000, pp. 193-218.

133 Rolla, Giancarlo, *Derechos fundamentales, Estado democrático y justicia constitucional*, México, IIJ-UNAM, 2002, p. 126.

criticado esa transferencia de preferencia hacia el poder judicial como una lesión del principio democrático, sin embargo, la justificación es que el objetivo prioritario del Estado constitucional es la restricción del poder susceptible de un ejercicio arbitrario y éste pretende reforzar esa acción restrictiva con la incorporación de derechos fundamentales, su adecuada garantía y operatividad del sistema constitucional de valores.

Tal sistema tiene consonancia con la naturaleza bifronte de los principios, en el sentido de que por un lado su vaguedad amplía la discreción de los jueces al momento de la decisión, pero al mismo tiempo su privilegiada posición en el ordenamiento la restringe, porque toda la actividad jurisdiccional debe ser conforme con los dictados de dichos principios.[134] Así es que la Constitución a su interior encierra un núcleo de contenido y significado irrenunciable, luego, no tiene oportunidad de renunciar a regular integralmente el principio de la igualdad.

Justo allí el Poder Judicial encuentra una concesión más amplia al aplicar el derecho, concretamente al adecuar el texto constitucional con un comportamiento selectivo, mostrando un rostro más severo y restrictivo al legislador constitucional, es decir, impidiéndole normar una serie de desigualdades al interior del texto estructurado bajo principios, en un control de constitucional *in abstracto* previo a la constitucionalización de la norma, antes de que entre en vigor y desprestigie la estabilidad del orden jurídico, al poner en riesgo la validez misma de la Constitución insertada en el paradigma tantas veces repetido.

Caracterizando al Estado en un sentido acentuadamente plural, tanto en unificación política como sistematización/estabilidad jurídica, lo cual reconstruye el texto normativo constitucional empeñado en la no sustracción de sus valores. Sin que sea un freno el hecho de que es aventurada la instauración de invalidación

---

134 Prieto Sanchís, Luis, *Sobre principios y normas. Problemas del razonamiento jurídico*, Madrid, Centro de Estudios Constitucionales, 1992, p. 136.

a priori de una posible norma constitucional, pues *a posteriori* su interpretación conforme sólo suministraría la pauta de adecuación de tales normas disconformes con los fines perseguidos por la Ley Suprema y daría coherencia y conexidad con los valores ético-políticos en su concepción sustancial hasta después de positivar la desigualdad constitucional absurdamente.

Tanto que la Constitución misma no puede en ningún caso ser llevada mediante reforma a modificar los principios supremos que establece, ni muchos menos a levantar muros para su ineficacia, ya que esos principios son infranqueables para la reforma constitucional. Debido a que el componente de valor que implica la Constitución del constitucionalismo político (la constitución como ideología) en el Estado constitucional estaría incompleto en una representación de contradicción hacia sí misma.

Fácilmente puede explicarse que la tensión generada en el interior de la Constitución Mexicana, bajo la perspectiva del neoconstitucionalismo, es una llana contradicción del principio de igualdad y mandato antidiscriminatorio, pues el segundo no se regula exhaustivamente, lo que implica su imposible armonización e incluye la ruptura meta-teórica construida a la luz del Estado constitucional democrático, por esa razón se confiere preeminencia a la judicialización como garantía de los derechos.[135]

Lo anterior permite observar que se converge en un mismo sentido ideológico, que los derechos deben ser garantizados, para defender la necesidad de la paz social, así que esa garantía tiene especial importancia tratándose de derechos de igualdad de las minorías, una protección del débil frente al más fuerte,[136] pues esa exigencia de igualdad y no discriminación son el núcleo de

---

135 Aguiló, Josep, "Tener una Constitución, Darse una Constitución y Vivir en Constitución", *Isonomía*, Alicante, núm. 28, abril 2008, p. 74.

136 Ferrajoli, Luigi, "Sobre los derechos fundamentales", *Cuestiones Constitucionales. Revista Mexicana de Derecho Constitucional*, México, núm. 15, julio-diciembre 2006, p. 117.

la articulación político-jurídica del Estado democrático;[137] es un principio de impregnación desde el ser humano hasta el Estado. Por lo tanto, no es permisible la consagración constitucional de la desigualdad en un Estado democrático, establecido sobre el equipo teórico del nuevo paradigma del neoconstitucionalismo, pues la Constitución está impedida a la pasividad y constreñida a su validez, equilibrando eficazmente todas las funciones que le son confiadas.

Considerando que, para darle la funcionalidad al Derecho con el objeto de armonizar las sensibilidades sociales para lograr la convivencia, el Poder Judicial Federal en su conjunto debe asumir una total activación contextual que le permita apropiarse en su máxima expresión del papel democrático que en el Estado constitucional le corresponde. Aun cuando el juez constitucional no está encargado de representar la soberanía del pueblo, si está encargado de poner en representación el hecho de que ella (la soberanía) debe tener la última palabra.[138]

Lo que asegura que al dar funcionalidad a la Constitución opera el principio de igualdad integralmente. Puesto que sin la imposición de límites de contenido en la Constitución se acarrea la consecuencia de una ausencia de garantías fuertes, destinando a los derechos a permanecer solamente en papel,[139] así que es preferible reparar el desmantelamiento garantista aún que es tiempo de transformación hacia el neoconstitucionalismo.

Porque de permanecer así solamente se fomenta una forma de opresión sutil, de los legisladores a los hombres, hombres que tienen derecho a gozar de sus derechos sin importar las contradic-

---

137 Martínez Sampere, Eva, "Igualdad y no discriminación", en Pérez Royo, Javier *et al.* (eds.), *Derecho constitucional para el siglo XXI*, España, Aranzadi, 2006, p. 607.

138 Troper, Michel, "El poder judicial y la democracia", *Isonomía*, Alicante, núm. 18, 2003, p. 74.

139 Ferrajoli, Luigi, "Las Garantías Constitucionales de los Derechos Fundamentales", *Isonomía*, Alicante, núm. 29, 2006, p. 30.

ciones mismas del ordenamiento supremo[140]. Agregando también de las sociedades iguales, como mecanismo de agregación de preferencias que contribuyen a la verdadera democracia, instaurado por una Constitución completa, integral, hasta podría decirse, digna de ser democrática.

3.5. CONCLUSIONES

El objeto del estudio se centró en discernir sobre una alternativa para paliar esas desigualdades normativas al interior del texto constitucional, que generen integralmente eficientar dicho principio y hacer posibles las exigencias de transformación social hacia una ciudadanía democrática que demande su derecho a condiciones de una vida digna, aunado a que en la actualidad ya no hay pobreza teórica en la dogmática constitucional, que permitan encauzar tal solución.

Así que eligiendo el discurso de no callar la inconsistencia constitucional a su interior e igual la correlativa al paradigma neoconstitucional, es necesario evitar no poner el dedo en la llaga sobre las cuestiones prácticas más candentes y abundantes que afectan al ejercicio concreto de los derechos;[141] pues la severa denuncia de esa fragilidad constitucional sólo lo es con el propósito de que el Poder Judicial de la Federación en su papel garante de derechos fundamentales, inicie la osadía de incluir en su integridad el principio de igualdad al texto supremo, suprimiendo la negación de la propia igualdad entre los seres humanos. Hasta impedir que suceda lo que, en las sociedades liberales inquieta, pues estas tienen especiales dificultades para reconocer y, consiguientemente, denunciar y prohibir determinadas formas de discriminación, lo

---

140 Sartori, Giovanni, *Teoría de la democracia*, ed. 2da., Madrid, Alianza, 1988, pp. 408 y 409.

141 Haba, Enrique Pedro, "¿De que viven los que hablan de Derechos Humanos?", *Isonomía*, Alicante, núm. 26, 2003, p. 873.

que se traduce en la problemática de la paradoja liberal de la discriminación.

Tomando en cuenta que una sociedad inclusiva, normada por un orden constitucional consonante al interior, es aquella en que todas las actitudes, derechos, personas en sí, reciben igual protección, es una neutralidad cierta, haciendo intolerable la discriminación.

Pues debe prevalecer una igualdad material y efectiva, de no discriminación, no una mera igualdad formal que deja intacta o disimula apenas la marginación y mantiene a salvo la discriminación. Se trata de la obtención de aquella forma de igualdad por medio de factores o elementos de compensación, igualación, desarrollo o protección que el Estado brinda a los integrantes de las comunidades, a través de un régimen jurídico que reconoce los datos provenientes de cierta formación cultural y se instala sobre el genuino reconocimiento de las limitaciones, discriminaciones o restricciones reales y contribuye a superarlas, suprimirlas o compensarlas con instrumentos adecuados, no apenas con declaraciones generales sobre una igualdad inexistente e impracticable, la igualdad no es un punto de partida, sino un punto de llegada al que deben dirigirse los esfuerzos del Estado.

Para su solución es preciso remover la contradicción, considerar alternativas de diseño, proveer medidas institucionales, interpretar con esfuerzo creativo, rotular a la ilusión contradictoria en pro de una realidad de preeminencia de derechos fundamentales.

Así que el neoconstitucionalismo ha contribuido a la propagación de una auténtica epidemia de sinceridad, ofreciendo respaldo o cobertura teórica para decir con argumentos refinados lo que casi todos sabían o intuían, a saber: que cuando se resuelven conflictos jurídicos se están ofreciendo respuestas morales y que, por tanto, es perfectamente lógico que en el razonamiento jurídico se conjuguen argumentos procedentes del Derecho estricto con otros derivados de la filosofía de la justicia, ya sea de aquella en que se supone reposa todo el modelo de convivencia, de aquella más o menos esclarecida que profesa el intérprete, ya sea más probablemente de una combinación de ambas.

De lo que se trata igualmente es de fomentar concienzudamente que la estabilidad jurídica parte de la congruencia constitucional, convicción de que el neoconstitucionalismo sea una realidad que ha de conquistarse a diario, y respecto de la cual no cabe pensar que esté dada para siempre, por tanto, la forma de mantenimiento duradero se centra en que la Constitución como paradigma se valide con prácticas coherentes a su interior.

Esa buena concepción de la Constitución tiene que ser capaz, de integrar y dotar de sentido tanto el momento de darse una constitución cuando el de vivir en constitución; esto es, una Constitución que reconozca y formule derechos, principios y valores, en la que esas cláusulas constitucionales de altísimo nivel de abstracción extiendan la eficacia en su periferia, y no solo constituyan "música celestial", sino una vigencia efectiva adecuada a la rematerialización del texto constitucional, obteniendo una verdadera redeterminación de la doctrina constitucional, pues constituyen los fundamentos materiales del ordenamiento jurídico entero, se habla de una interpretación incluyente de la Constitución, complementado por otra integradora.

Capitulo IV

Estructura institucional del poder judicial local

4.1. INTRODUCCIÓN

El estudio reciente del derecho mexicano, busca imponer a la Constitución como un orden jurídico total, entendido como un límite para el poder político alejado de las manos que hallen en ella un cómodo instrumento para abusar del poder[142].

Bajo este modelo, una Constitución debe separar las funciones para ejercer el poder, reconocer y garantizar los derechos fundamentales[143], encauzar las negociaciones propias del juego político, sumar e incluir las fuerzas reales de la sociedad participativa y estructurar el principio de jerarquía normativa de la Constitución como norma de normas. En síntesis, dar apertura en abstracto una multiplicidad de expectativas como punto de equilibrio[144], dentro de un Estado constitucional democrático.

El poder judicial, tiene un papel fundamental en la consolidación de la democracia constitucional de cualquier país, ya que ejerce las funciones de dicho equilibrio no solo en la aplicación del derecho que confiere equilibrio a los poderes del Estado. Sin embargo, cuando nos referimos al Poder Judicial, no solo nos referimos al andamiaje federal, sino a los Poderes Judiciales locales

---

142 Francisco, Tomás y Valiente, "La resistencia constitucional y los valores", *Isonomía,* Alicante, núm. 15-16, 1994, p. 636.

143 Michelangelo Bovero, "Tutela supranacional de los derechos fundamentales", *El lenguaje de los derechos,* Turín, núm. 18, 2001, p. 12.

144 Josep Aguilló, "Sobre el constitucionalismo y la resistencia constitucional", *Isonomía,* Alicante, núm. 26, 2003, p. 289.

como verdaderos agentes de contención social y en cuyas funciones descansa la justicia ordinaria a partir de ejercer la potestad de cuidar y cumplir la Constitución y aplicar la ley a través de la solución de controversias ordinarias.

Así, es posible describir las funciones que ejerce el Poder Judicial Local organizado en la reforma del estado a partir de su estructura en el diseño institucional en Querétaro y la eficiencia cualitativa y cuantitativa, tomando como referencia los resultados del Censo Nacional de Impartición de Justicia Estatal 2021.

4.2. CONSIDERACIONES RELATIVAS AL CONSTITUCIONALISMO LOCAL

El sistema federal tiene por características fundamentales, el reparto o división de competencias entre la federación y las entidades, la nulidad de aquellas leyes que fueran en contra del texto constitucional y, como piedra angular del federalismo, la competencia de los tribunales judiciales para declarar la nulidad de los actos contrarios al reparto constitucional de competencias,[145] así la Constitución Federal divide el ejercicio de la soberanía nacional entre la federación y los estados de la república.

Tal circunstancia deposita en el Poder Judicial Federal la defensa de todo el sistema jurídico mexicano tanto federal como local, desconociendo al menos por vía de acción la participación de los tribunales locales en la defensa misma de la pureza constitucional.

---

145 Hamilton, Madison y Jay. *"El Federalista"*, FCE, México, 1987, p. 92, define: los principales propósitos a que debe responder la Unión son éstos: la defensa común de sus miembros; la conservación de la plaza pública, lo mismo contra las convulsiones internas, contra los ataques externos; la reglamentación del comercio con otras naciones y entre los Estados; la dirección de nuestras relaciones políticas y comerciales con las naciones extranjeras.

Por ello, históricamente "el denominado Constitucionalismo Local se ha basado fundamentalmente en contener reglas de organización estatal, que en gran parte sólo son una reglamentación cuyas directrices son trazadas por la Constitución General y cuyas instituciones obedecen, en la gran mayoría de las ocasiones, a las características que las mismas tienen en el orden federal"[146]. Las constituciones estatales pocas veces han incluido disposiciones de fondo encaminadas a establecer medios de control de la regularidad constitucional de los actos emitidos conforme a las normas estatales y/o por las autoridades estatales.

Para los efectos anteriores, resulta conveniente oportuno describir los distintos órdenes jurídicos que contempla el derecho en México. El Pleno de la Suprema Corte de Justicia de la Nación, al resolver la controversia constitucional número 14/2001, consideró que en México existen cinco órdenes jurídicos: el constitucional, el federal, el estatal o local, el del Distrito Federal y el municipal [147]. El criterio relativo quedó plasmado en la tesis de

---

146 La posibilidad de que los estados puedan remediar las faltas que se cometen contra las disposiciones de sus propias constituciones, sin requerir para ello de acudir, al menos en primera instancia, a la potestad federal, fortalecería el régimen estatal e incrementaría la fuerza y vigencia de la Constitución estatal como norma jurídica y del aparato de justicia que se encargara de velar por ello. En Enrique Rabell García. *Constitucionalismo Local,* H. Legislatura del Estado de Querétaro, México 2000, p. 35.

147 Tal vez hay otro orden más, que, aunque no existe en forma independiente en el estado mexicano, sí tiene un ámbito de aplicación. Me refiero al orden internacional, ya que los tratados internacionales pueden ser invocados tanto en juicios constitucionales, federales, locales y también ante tribunales internacionales. En Alejandro Quijano Álvarez, Las sentencias de los tribunales constitucionales locales en México dictadas en los juicios de protección de derechos humanos: su impugnabilidad o no mediante el juicio de amparo, Revista Iberoamericana de Derecho Procesal Constitucional, núm. 10, julio-diciembre 2008, pp. 287-304.

jurisprudencia número P./J.136/2005, cuyo rubro y texto son los siguientes:

> ESTADO MEXICANO. ÓRDENES JURÍDICOS QUE LO INTEGRAN.—De las disposiciones contenidas en los artículos 1o., 40, 41, primer párrafo, 43, 44, 49, 105, fracción I, 115, fracciones I y II, 116, primer y segundo párrafos, 122, primer y segundo párrafos, 124 y 133 de la Constitución Política de los Estados Unidos Mexicanos se advierte la existencia de cinco órdenes jurídicos en el Estado Mexicano, a saber: el federal, el local o estatal, el municipal, el del Distrito Federal (actualmente CDMX) y el constitucional. Este último establece, en su aspecto orgánico, el sistema de competencias al que deberán ceñirse la Federación, los Estados, los Municipios y el Distrito Federal, y corresponde a la Suprema Corte de Justicia de la Nación, como Tribunal Constitucional, definir la esfera competencial de tales órdenes jurídicos y, en su caso, salvaguardarla[148].

De la ejecutoria relativa, se advierte que el Pleno de la Suprema Corte de Justicia de la Nación, al referirse al ámbito constitucional, sólo lo hizo en relación con el sistema normativo de la propia Constitución Federal, pues al respecto expresó que en el estado mexicano existe "un orden constitucional y otros órdenes parciales", haciendo alusión a los órdenes federal, local, del Distrito Federal y municipal, en el sentido de que estos últimos deben ajustarse al primero de los mencionados. Sin embargo, es pertinente destacar que en el orden jurídico estatal se ha desarrollado un fenómeno singular, consistente en que en las constituciones de algunas entidades federativas se han creado diversos instrumentos jurídicos de protección constitucional local, cuyo conocimiento compete al Poder Judicial de dichas entidades, a través de sus propios tribunales constitucionales. A este fenómeno jurídico se le conoce teóricamente como constitucionalismo local[149].

---

148 Semanario Judicial de la Federación y su Gaceta, t. XXII, octubre 2005, p. 2062.

149 El tema de la justicia constitucional local, no forma parte del presente estudio, aunque es una facultad del Pleno del Tribunal Superior de Justicia.

Ferrer MacGregor citando al profesor Elisur Arteaga refiere, que bajo esta óptica, el tema de control de la constitucionalidad se explica en función de que, en el nivel local, existe un orden normativo al que se le denomina Constitución, que es de naturaleza suprema; ello implica, por una parte, que hay un complejo normativo, integrado por leyes, decretos, bandos y acuerdos generales, que es de índole secundaria y derivada; y, por otra, que existen poderes y autoridades locales que son, por partida doble, constituidos, cuya existencia y actuación está prevista y regulada por ese orden normativo y particulares que están sujetos a lo que él disponga[150].

4.3. EL PODER JUDICIAL LOCAL. SU DISEÑO INSTITUCIONAL EN QUERÉTARO

Los conceptos tradicionales de justicia o jurisdicción constitucional divulgados por Kelsen desde 1928, se han venido sustituyendo por la nueva connotación de derecho procesal constitucional, sobre todo en las últimas décadas[151]. Así, el debate entre el poder y el derecho[152], relativo a definir la naturaleza jurídica del órgano en cuya competencia debía recaer la defensa de la Constitución y del derecho en general, se traslada a nuestro tiempo, por lo cual, la organización de los poderes públicos en nuestro estado define a la jurisdicción y a su depositario no sólo como una función pública, sino como un derecho humano.

Esta facultad está reconocida constitucionalmente a nivel local a diversos órganos, por lo que es posible distinguir entre el Poder

---

150 Arteaga Nava, Elisur, "La Constitución local y su defensa. Elementos para una teoría del control de la constitucionalidad" en Ferrer Mac-Gregor, Eduardo y Vega, Rodolfo (coords.), Justicia constitucional local, México, Fundap, 2003.

151 https://archivos.juridicas.unam.mx/www/bjv/libros/4/1510/18.pdf

152 Ver Lorenzo Córdoba Vianello, Derecho y Poder. Kelsen y Schmitt frente a frente, FCE, 2009.

Judicial Administrativo y Poder Judicial organizado dotado de autonomía, así como al Tribunal Electoral del Estado. Por ello, se reproduce el fundamento constitucional local, relativo a cada una de estas figuras.

4.3.1. El Tribunal Electoral del Estado de Querétaro

Aunque por disposición constitucional se encuentra ubicado en el Capítulo Quinto de los Organismos Autónomos, dicho órgano jurisdiccional forma parte de la radiografía constitucional en materia judicial en el Estado.

> ARTÍCULO 32. ...
>
> El Tribunal Electoral del Estado de Querétaro es la autoridad jurisdiccional local especializada en materia electoral del Estado. Dicho órgano gozará de autonomía técnica y de gestión en su funcionamiento e independencia en sus decisiones. El Pleno del Tribunal se conformará por tres magistrados. (Ref. P. O. No. 64, 23-VIII-19)
>
> ...

4.3.2. Poder Judicial Administrativo

El Capitulo Sexto. De los Tribunales Administrativos, describe a los órganos jurisdiccionales que forman parte de la radiografía constitucional en materia judicial administrativa en el Estado.

> ARTICULO 34. El funcionamiento del Tribunal de Justicia Administrativa del Estado de Querétaro y del Tribunal de Conciliación y Arbitraje del Estado de Querétaro, se sujetará a lo siguiente: (Ref. P. O. No. 71, 21-XII-16)
>
> Apartado A
>
> El Tribunal de Justicia Administrativa del Estado de Querétaro estará dotado de plena autonomía, será independiente de cualquier autoridad administrativa y tendrá su residencia en la ciudad de Santiago de Querétaro, Qro. La Ley establecerá su organización, funcionamiento, procedimientos y, en su caso, los recursos contra sus resoluciones. (Ref. P. O. No. 71, 21-XII-16)
>
> Asimismo, tendrá a su cargo dirimir las controversias de carácter administrativo y fiscal que se susciten entre la administración pública

estatal y municipal con los particulares y será el órgano competente para imponer, en los términos que disponga la Ley, las sanciones a los servidores públicos estatales y municipales por responsabilidad administrativa grave y a los particulares que incurran en actos vinculados con faltas administrativas graves; así como para fincar a los responsables el pago de las indemnizaciones y sanciones pecuniarias que deriven de los daños y perjuicios que afecten a la Hacienda Pública Estatal o Municipal o al patrimonio de los entes públicos estatales o municipales. (Ref. P. O. No. 71, 21-XII-16)

El Tribunal de Justicia Administrativa del Estado de Querétaro, se compondrá de tres Magistrados propietarios, los cuales serán propuestos por el Titular del Ejecutivo del Estado y electos por cuando menos las dos terceras partes de los miembros presentes de la Legislatura del Estado. (Adición P. O. No. 71, 21-XII-16)

Para ser Magistrado se deberá contar con experiencia en materia de derecho administrativo de al menos cinco años previos a la designación, satisfacer los requisitos que se señalan en el artículo 28 de la presente Constitución y su designación será para un periodo de doce años. No se podrá ocupar el cargo como propietario en forma consecutiva, ni discontinua, por más de dicho periodo; a su vencimiento, o antes si el Magistrado llega a la edad de setenta años, cesará en sus funciones, tendrá derecho a un haber por retiro y podrá ser considerado Magistrado supernumerario o para otros cargos. (Adición P. O. No. 71, 21-XII-16)

Los Magistrados sólo podrán ser removidos de sus cargos por las causas graves que establezca la Ley y con la misma votación requerida para su designación. (Adición P. O. No. 71, 21-XII-16)

Apartado B

El Tribunal de Conciliación y Arbitraje del Estado, es un órgano autónomo que tiene a su cargo conocer y resolver los conflictos que se susciten entre las entidades públicas del Estado y de los Municipios con sus trabajadores y sobre los conflictos de los Sindicatos de los Trabajadores al Servicio del Estado y al Servicio de los Municipios. Residirá en la ciudad de Santiago de Querétaro y tendrá la estructura, la organización, la competencia y la jurisdicción que determine la ley.

4.3.3. Poder judicial organizado.

Las reformas constitucionales recientes en diversas materias —penal, derechos humanos, transparencia y laboral— han generado una transición total en el andamiaje jurídico mexicano. Lo anterior, ha significado que el Poder Judicial organizado desde lo Local cada día resienta una modificación no solo sustantiva en cuanto a la aplicación del derecho, sino también administrativa y organizacional.

Por lo anterior, dicho capitulo establece los alcances a que está llamado a ejercer dicho poder a partir dos consideraciones: la primera, en la distinción de funciones entre el poder judicial organizado y el poder judicial administrativa; la segunda, la eficiencia cualitativa y cuantitativa, tomando como referencia los resultados del Censo Nacional de Impartición de Justicia Estatal 2021.

> **Sección Cuarta**
> **Poder Judicial**
> ARTÍCULO 25. Se deposita el ejercicio de la función judicial en el Poder Judicial integrado por un Tribunal Superior de Justicia y los juzgados, quienes se auxiliarán de los órganos que establezca su ley orgánica[153].
> La administración de justicia en el Estado será expedita, aplicando los principios y normas conducentes en los plazos y términos que fijen las leyes, emitiendo sus resoluciones de manera pronta, completa, imparcial y gratuita. Deberá garantizarse la absoluta independencia de los órganos encargados de la función jurisdiccional para la conducción de los procesos a su cargo, así como para el

---

[153] Artículo 3. El Poder Judicial en el Estado se integra por:
I. El Tribunal Superior de Justicia;
II. El Consejo de la Judicatura;
III. Los juzgados de primera instancia;
IV. Los juzgados menores; (Ref. P.O. No. 27, 02-IV-21)
V. Los tribunales laborales; y (Adición P.O. No. 27,02-IV-21)
VI. Los servidores públicos de la administración e impartición de justicia, en los términos que establece esta Ley y demás disposiciones legales.
El Tribunal Superior de Justicia comprende el Pleno y la segunda instancia.
El Consejo de la Judicatura ejerce la administración, vigilancia y disciplina de las áreas jurisdiccionales, administrativas de apoyo a la función jurisdiccional y administrativas.

dictado de las resoluciones respectivas y la plena ejecución de sus resoluciones[154].

El Estado instituirá un sistema integral de justicia aplicable a quienes, teniendo entre doce años cumplidos y menos de dieciocho años de edad, se les atribuya la realización de una conducta tipificada como delito por las leyes penales. Los menores de doce años de edad, sólo serán sujetos a rehabilitación y asistencia social.

ARTÍCULO 26. Compete al Poder Judicial la facultad de resolver controversias puestas a su consideración, conforme a las leyes y procedimientos judiciales vigentes en el Estado, en asuntos del fuero común, en materia civil, familiar, penal, laboral, justicia de menores y materias federales cuando así lo faculten las leyes. (Ref. P. O. No. 30, 13-IV-21)[155]

---

154 Artículo 17. El Tribunal Superior de Justicia residirá en el Municipio de Querétaro.
Artículo 18. El Tribunal Superior de Justicia se compondrá de trece magistrados propietarios, de entre los cuales se elegirá al presidente y ocho supernumerarios, con carácter honorífico.
Artículo 19. El Tribunal Superior de Justicia funcionará en Pleno y en salas colegiadas o unitarias.
Artículo 20. El Tribunal Superior de Justicia contará con los secretarios de acuerdos, auxiliares, secretarios proyectistas y actuarios, así como con el personal de apoyo de la Presidencia y del Pleno, que requiera para el mejor ejercicio de sus funciones.

155 Artículo 58. El Estado se divide en seis distritos judiciales, que comprenden los siguientes municipios, siendo el primero de los mencionados su cabecera:
I. El de Querétaro: los municipios de Querétaro, El Marqués y Corregidora;
II. El de San Juan del Río: los municipios de San Juan del Río, Tequisquiapan y Pedro Escobedo;
III. El de Cadereyta de Montes: los municipios de Cadereyta de Montes, Ezequiel Montes y San Joaquín;
IV. El de Tolimán: los municipios de Tolimán, Colón y Peñamiller;
V. El de Jalpan de Serra: los municipios de Jalpan de Serra, Pinal de Amoles, Landa de Matamoros y Arroyo Seco; y
VI. El de Amealco de Bonfil: Los municipios de Amealco de Bonfil y Huimilpan.

Sus sentencias y resoluciones deberán observar los principios de legalidad, imparcialidad, transparencia, autonomía e independencia. (Ref. P. O. No. 30, 13-IV-21)

La resolución de las controversias o de los conflictos entre trabajadores y patrones estará a cargo del Poder Judicial, cuyos integrantes deberán contar con capacidad y experiencia en materia laboral, siendo designados aquellos que cumplan los requisitos previstos por las leyes. (Ref. P. O. No. 30, 13-IV-21)[156]

ARTÍCULO 27. El Tribunal Superior de Justicia se compondrá de trece Magistrados propietarios y ocho supernumerarios, electos para un periodo de doce años. No se podrá ocupar el cargo como propietario en forma consecutiva, ni discontinua, por más de doce años. En ningún caso se podrá ocupar el cargo de Magistrado Propietario después de los setenta años de edad. (Ref. P. O. No. 27, 13-V-16)

Al concluir el período de doce años a que se refiere el párrafo anterior o antes si el Magistrado llega a la edad de setenta años, cesará en sus funciones. Si el propietario hubiere cumplido con los doce años de servicio, gozará de un haber mensual por retiro, equivalente al máximo que por concepto de jubilación se fije por Ley como derecho para los trabajadores del Estado de Querétaro, sin que pueda otorgarse cuando la separación obedezca a la remoción del cargo como medida de carácter disciplinario o cualquier otra causa de responsabilidad. (Adición P. O. No. 27, 13-V-16)

---

[156] Artículo 59. Serán juzgados de primera instancia:
I. Los juzgados civiles;
II. Los especializados en oralidad mercantil;
III. Los juzgados penales;
IV. Los juzgados familiares;
V. Se deroga. (P. O. No. 23, 18-IV-17)
VI. Los juzgados de ejecución de sanciones penales; (Ref. P.O. No. 27, 02-IV-21)
VII. Los juzgados mixtos; y (Ref. P.O. No. 27, 02-IV-21)
VIII. Los juzgados laborales (Adición P.O. No. 27, 02-IV-21) La jurisdicción de primera instancia en el Sistema Penal Acusatorio y Oral, está a cargo de los jueces de control y de juicio, incluidos los especializados en justicia penal para adolescentes, así como por los jueces de ejecución, en términos de la Constitución Política de los Estados Unidos Mexicanos, el Código Nacional de Procedimientos Penales, la general en materia de adolescentes, de ejecuciones penales, de esta Ley y demás disposiciones aplicables. (Ref. P. O. No. 23, 18-IV-17)

El Tribunal Superior de Justicia tendrá un Presidente, que será el representante legal del Poder Judicial. (Adición P. O. No. 27, 13-V-16)

ARTÍCULO 28. Para ser Magistrado del Tribunal Superior de Justicia y permanecer en el cargo, se requiere:

I. Cumplir con los requisitos fijados en las fracciones I a IV del artículo 95 de la Constitución Política de los Estados Unidos Mexicanos;

II. Haber residido en el Estado los tres años anteriores inmediatos al día de su designación;

III. Durante el año previo a su nombramiento, no haber ocupado cargo de elección popular, ni haber sido Secretario del Poder Ejecutivo o su equivalente, ni Fiscal General del Estado; y (Ref. P. O. No. 27, 13-V-16)

IV. No ser mayor de setenta años de edad. (Ref. P. O. No. 27, 13-V-16)

El retiro de los Magistrados se producirá, por sobrevenir incapacidad física o mental declarada por autoridad competente, que imposibilite el adecuado desempeño del cargo, o al cumplir la edad que se señala en el primer párrafo de esta fracción. (Adición P. O. No. 27, 13-V-16)

ARTÍCULO 29. Es competencia del Pleno del Tribunal Superior de Justicia y de las Salas, en los términos que señale la Ley:

I. Conocer los asuntos en revisión de las resoluciones emitidas por los jueces o respecto a los cuales acuerde su atracción y emitir las correspondientes sentencias;

II. Resolver sobre la constitucionalidad de las leyes en el Estado;

III. Garantizar la supremacía y control de esta Constitución, mediante la interpretación de la misma, formando y sistematizando precedentes en materia de control de esta Constitución;

IV. Declarar sobre los casos de omisión en la expedición de leyes, cuando la misma afecte el funcionamiento o aplicación de la presente Constitución;

V. Ejercer la administración, vigilancia y disciplina, exclusivamente con respecto al Pleno y Secretaría General de Acuerdos del Tribunal Superior de Justicia, garantizando la transparencia de su gestión en los términos que determinen las leyes; (Ref. P. O. No. 27, 13-V-16)

VI. Procesar y sentenciar los litigios que no sean competencia de la Suprema Corte de Justicia de la Nación o del Senado de la República y, que surjan entre: Poder Ejecutivo, Legislatura del Estado, Organismos constitucionales autónomos o los Municipios del Estado;

VII. Presentar, en el mes de septiembre de cada año, a la Legislatura, un informe por escrito sobre el estado que guarde la impartición de justicia en la Entidad, en los términos que establezca la Ley; (Ref. P. O. No. 70, 15-VIII-18)

VIII. Elegir a su Presidente;

IX. Revisar y, en su caso, revocar los acuerdos que emita el Consejo de la Judicatura, en los casos, términos y procedimiento que establezca la Ley Orgánica del Poder Judicial; y

X. Las demás que establezca esta Constitución y las demás leyes.

Se exceptúan de la competencia del Pleno y de las Salas previstas en las fracciones II, III y IV del presente artículo, las leyes en materia hacendaria, fiscal, presupuestal y electoral. (Modificación según oficio DALJ/2589/15/LVII publicado en el P. O. No. 17, 10-IV-15)

ARTÍCULO 30. La carrera judicial, administración, vigilancia y disciplina del Poder Judicial, con excepción de lo que corresponde al Pleno del Tribunal Superior de Justicia, están a cargo de un Consejo de la Judicatura, dotado de independencia técnica y de gestión para emitir sus resoluciones, formado por cinco miembros e integrado por quien resulte electo para presidir el Tribunal Superior de Justicia, dos Consejeros designados por el Pleno del mismo; un Consejero designado por la Legislatura, que no será legislador; y otro que será nombrado por el Poder Ejecutivo, garantizando la transparencia en la gestión en los términos que determinen las leyes. (Ref. P. O. No. 27, 13-V-16)[157]

Los Consejeros designados por el Pleno serán electos con el voto de ocho de sus integrantes, quienes serán representantes de Magistrados y Jueces; deberán contar con una antigüedad mínima de 10 años en la impartición de justicia y además reunir los requisitos señalados en el artículo 28 de esta Constitución. (Ref. P. O. No. 27, 13-V-16)

---

157 Artículo 109. El Consejo de la Judicatura es un órgano del Poder Judicial con independencia técnica, de gestión y para emitir sus resoluciones, encargado de la administración, vigilancia, disciplina y carrera judicial del Poder Judicial, con excepción de Magistrados y el personal de segunda instancia que conforman el Tribunal Superior de Justicia. Se integra por:
I. Un presidente, que será el presidente del Tribunal Superior de Justicia;
II. Dos consejeros designados por el Pleno del Tribunal Superior de Justicia, uno como representante del Pleno y otro de los jueces;
III. Un consejero designado por la Legislatura del Estado; y

> Los Consejeros designados por el legislativo y ejecutivo, también deberán reunir los requisitos señalados en el artículo 28 de esta Constitución y ser personas que se hayan distinguido por su capacidad profesional en el ámbito jurídico, honestidad y honorabilidad en el ejercicio de sus actividades. (Ref. P. O. No. 27, 13-V-16)
>
> Los miembros del Consejo durarán en su encargo cuatro años, con excepción de su Presidente, quien ejercerá esa función mientras ostente también la Presidencia del Tribunal; y ninguno podrá ser ratificado para el mismo cargo de manera consecutiva. Durante su pertenencia al Consejo, los Consejeros designados por el Pleno no ejercerán funciones jurisdiccionales, ni formarán parte del Pleno. (Ref. P. O. No. 27, 13-V-16)
>
> Los Jueces del Poder Judicial serán designados, ratificados y removidos por el Consejo de la Judicatura, debiendo mantener un equilibrio entre mujeres y hombres en dichos cargos; durarán en su encargo seis años, pudiendo ser ratificados en los plazos y condiciones que establezca la Ley. Deberán ser ciudadanos mexicanos en pleno ejercicio de sus derechos políticos y civiles, contar con los requisitos que establezca la Ley y protestar el cargo ante el Pleno del Tribunal Superior de Justicia y del Consejo de la Judicatura. En ningún caso se podrá ocupar el cargo de Juez cumplidos los setenta años de edad. (Ref. P. O. No. 27, 13-V-16)
>
> El Pleno del Tribunal Superior de Justicia podrá solicitar al Consejo de la Judicatura que investigue la conducta de algún Juez. (Ref. P. O. No. 27, 13-V-16).

4.5. ASUNTOS INGRESADOS Y CONCLUIDOS EN TODAS LAS MATERIAS, EL CENSO NACIONAL DE IMPARTICIÓN DE JUSTICIA ESTATAL 2021, PUBLICADO POR EL INSTITUTO NACIONAL DE ESTADÍSTICA GEOGRAFÍA E INFORMÁTICA.[158]

Durante 2020, a nivel nacional se reportaron 1' 577, 327 asuntos ingresados y 871 054 concluidos por los órganos jurisdiccionales de los poderes judiciales estatales en todas las materias. En

---

158 file:///C:/Users/Luis/Desktop/2.%20Capitulo%20de%20libro.%20Congreso%20CAC/cnije_2021_resultados%20(1).pdf

comparación con 2019, se observa una disminución de 30.8% en la cantidad total de asuntos ingresados* y una disminución de 34.6% en los asuntos concluidos.

Del total de asuntos ingresados, 38.7% correspondió a la materia familiar, seguida de la materia civil con 25.3% y mercantil con 22.2%, mientras que 10.9% (172,066) correspondió a causas penales (materia penal y justicia para adolescentes). Para los asuntos concluidos, la mayoría de los expedientes se registró en materia familiar con 34.3%, seguida de la materia civil con 23.2%. Del total de asuntos ingresados en los órganos jurisdiccionales, 72.3% se registró en el Sistema Tradicional y 27.7% en el Sistema Oral.

Por entidad federativa, los poderes judiciales de la Ciudad de México y el estado de México concentraron 21.8% de los asuntos ingresados y 18.0% de los asuntos concluidos en todas las materias.

Entidad federativa	Ingresados	Concluidos	Entidad federativa	Ingresados	Concluidos
CDMX	185,580	58,462	SIN	34,642	26,108
MÉXICO	159,020	98,484	DGO	29,209	14,263
GTO	139,494	105,129	TAB	27,147	5,495
NL	137,279	116,573	CHIS	24,730	7,818
JAL	99,629	41,452	SLP	24,332	9,649
COAH	61,039	31,221	NAY	18,810	4,800
QRO	**59,263**	**28,860**	MOR	18,264	8,475
BC	58,314	24,889	GRO	18,260	6,246
CHIH	57,877	46,494	ZAC	18,090	11,703
VER	53,691	34,928	QROO	17,661	6,591
PUE	46,114	15,712	YUC	17,615	12,177
SON	44,265	23,391	COL	16,263	5,933
TAMS	42,956	28,973	OAX	14,743	2,235
HGO	40,205	23,859	BCS	13,841	3,649
AGS	38,740	25,428	CAMP	13,473	11,615
MICH	35,350	24,107	TLAX	11,431	6,335

La tabla no es propia, es tomada del Censo Nacional de Impartición de Justicia Estatal 2021. Presentación de resultados.

CONCLUSIONES

El poder judicial local organizado y dotado de autonomía, constituye el agente de contención social más importante de la estructura del poder público en el Estado. El número de asuntos que conoce al año, confrontado a su presupuesto y personal, lo convierten en un referente nacional de eficiencia y eficacia en la impartición de justicia.

Lo anterior, ratifica el sentido del diseño institucional del Poder Judicial local como parte de la reforma del Estado, la cual debe ser vertical, pero en sentido ascendente, es decir, de lo local a lo federal. En donde las realidades y circunstancias locales diseñen el espectro de justicia nacional.

Bibliografía

AGUILÓ, Josep, (2003). "Sobre el constitucionalismo y la resistencia constitucional", *Isonomía,* Alicante, núm. 26.

—, (2000). "Tener una Constitución, Darse una Constitución y Vivir en Constitución", *Isonomía,* Alicante, núm. 28, Abril.

ATIENZA, Manuel, (2001). *El sentido del Derecho,* Barcelona: Ariel.

—, y FERRAJOLI, Luigi, (2004). *Jurisdicción y argumentación en el Estado constitucional de derecho,* México: IIJ-UNAM.

BAEZ, Carlos, *et al.* (Coords.), (2009). *Estudios sobre Interpretación y Argumentación Jurídicas,* México: Laguna.

BELTRÁN de Felipe, Miguel y GONZÁLEZ García, Julio, (2004). *Las sentencias básicas del Tribunal Supremo de los Estados Unidos de América,* Madrid: Centro de Estudios Políticos y Constitucionales.

BOBBIO, Norberto, (2007). *La teoría de las formas de gobierno en la historia del pensamiento político,* ed. 2da., México: FCE.

—, (1985). *El futuro de la democracia,* Barcelona: FCE.

BOVERO, Michelangelo, (2001). "Tutela supranacional de los derechos fundamentales", *El lenguaje de los derechos,* Turín, núm. 18.

BRADING, David, (1991). *Orbe indiano. De la monarquía católica a la republica criolla, 1492-1867,* 1991, México, FCE..

BREWER-Carías, Allan, (2007). *Los derechos humanos desde la dimensión de la pobreza. Una ruta por construir en el sistema interamericano,* San José: Instituto Iberoamericano de Derechos Humanos-IIDH.

CABRERA Acevedo Lucio, (1986). "De la Audiencia territorial a la creación de *La Suprema Corte de Justicia*" en Poder Judicial de la Federación, *La Suprema Corte de Justicia, sus orígenes y primeros años,* 1808–1847, México, Suprema Corte de Justicia de la Nación.

CANOSA Usera, Raúl, (2011). "Derechos y libertades en la Constitución de 1812", *Revista de Derecho político,* núm. 82, septiembre-diciembre, UNED.

CARBONELL, Miguel, (2009). *La igualdad insuficiente: propuesta de reforma constitucional en materia de no discriminación,* México: IIJ-UNAM y CNDH.

—, (2006). *Neoconstitucionalismo(s),* 3ra. ed., Madrid: Trotta.

CÁRDENAS, Jaime, (2006). *Acerca de la legitimidad democrática del juez constitucional,* México: IIJ-UNAM.

CÁRDENAS, Salvador (Coord.), (2006). *La Constitución mexicana y sus alegorías,* México: SCJN.

CÓRDOBA Vianello, (2009). Lorenzo, Derecho y Poder. Kelsen y Schmitt frente a frente, FCE, 2009.

COSSÍO, José Ramón, (2009). "Constitutional justice in Ibero-America: social influence and human rights", *Mexican Law Review. New Series,* México, Volume II, nom. 1, July-December.

—, (2002). La teoría constitucional de la Suprema Corte de Justicia, Fontamara, México.

—, y Luis Raigosa (1996). "Régimen político e interpretación constitucional en México", *Isonomía,* Alicante, núm. 5.

DÍAZ Infante Aranda, Ernesto. "Orígenes y primeros años de la Suprema Corte de Justicia" en Poder Judicial de la Federación, *La Suprema Corte de Justicia, sus orígenes y primeros años,* 1808-1847, México, Suprema Corte de Justicia de la Nación, 1986.

DURÁN, Paloma, (2000). "Una aproximación comparada a las acciones positivas. El caso de Italia, Noruega y Argentina", *Anales de la Cátedra Francisco Suárez,* España, núm. 34.

DWORKIN, Ronald, (2009). *Los derechos en serio,* España: Ariel Derecho.

—, (2012). Una cuestión de principios, Siglo XXI editores, Argentina.

ELIZONDO Mayer-Serra Carlos y Ana Laura Magaloni, (2010). La forma es fondo: cómo se nombran y deciden los Ministros de la Suprema Corte de Justicia, Cuestiones Constitucionales, Núm. 23, julio-diciembre 2010.

EZQUIAGA, Francisco, (1994). "Argumentos interpretativos y postulado del legislador racional", *Isonomía,* Alicante, núm. 1.

FERRAJOLI, Luigi, (2007). "Derecho y Dolor", *Isonomía,* Alicante, núm. 27.

—, (2001). *El fundamento de los derechos fundamentales,* Madrid: Trotta.

—, (2006). "Las Garantías Constitucionales de los Derechos Fundamentales", *Isonomía,* Alicante, núm. 29.

—, (2006). "Sobre los derechos fundamentales", *Cuestiones Constitucionales. Revista Mexicana de Derecho Constitucional,* México, núm. 15, julio-diciembre.

—, (2006). Las Garantías Constitucionales de los Derechos Fundamentales, *Isonomía,* Alicante, núm. 29.

FERRER Mac-Gregor, Eduardo y Vega, Rodolfo (coords.), (2003). Justicia constitucional local, México, Fundap.

FIX Zamudio Héctor y José Ramón Cossío Díaz, (2003). *El Poder Judicial en el ordenamiento mexicano,* México, FCE, 3ª. Reimpresión.

FRASQUET Miguel, Ivana, La construcción del estado nación en México (1820 1824). Del liberalismo hispano a la república federal. Recuperado de: https://dialnet.unirioja.es/servlet/tesis?codigo=159334

GACETA DEL GOBIERNO IMPERIAL DE MÉXICO, 5 DE SEPTIEMBRE DE 1822.

GARCÍA Figueroa, Alfonso, (2000). "Haciendo justicia desde el lado activo del derecho. Teoría de la argumentación y teoría del derecho", *Revista de Ciencias Sociales,* Chile, núm. 3.

GONZÁLEZ Galván, Jorge *et al.*, (2008). *La pluralidad de los grupos vulnerables: Un enfoque interdisciplinario,* México: IIJ-UNAM.

HABA, Enrique Pedro, (2003). "¿De que viven los que hablan de Derechos Humanos?", *Isonomía,* Alicante, núm. 26.

HÄBERLE, Peter, (1988). *Libertad, igualdad y fraternidad. 1789 como historia, actualidad y futuro del Estado constitucional,* Madrid: Trotta.

HABERMAS, Jürgen, (1988). "¿Cómo es posible la legitimidad por vía de legalidad?", *Isonomía,* Alicante, núm. 5.

HAMILTON, Madison y Jay. (1987). *El Federalista,* FCE, México.

IBARRA, Ana Carolina, (2011). "El clero y la independencia" en Estado nación en México: Independencia y Revolución, Esaú Marques, Rafael Araujo y Rocío Ortiz (Coord.), Selva Negra, UNICACH, Chiapas.

KAY, Richard, (2000). "Constitutional Chrononomy", *Ratio Juris: An international journal of jurisprudence and philosophy of law,* Connecticut, Vol. 13, núm. 1.

KENNEDY, Duncan, Izquierda y derecho, (2010). Ensayos de teoría jurídica critica. Siglo XXI, Buenos Aires.

LEE Benson, Nettie, (1955). *La diputación provincial y el federalismo mexicano,* México, El Colegio de México.

LÖWENSTEIN, Karl, (1979). *Teoría de la Constitución,* Barcelona: Grijalbo.

NAVARRO y Rodrigo, Carlos, Agustín de Iturbide. *Vida y memorias.* Recuperado de: http://cdigital.dgb.uanl.mx/la/1020001814/1020001814.PDF

NINO, Carlos Santiago, (1994). *Derecho, moral y política,* Barcelona: Ariel.

PÉREZ Royo, Javier *et al.* (eds.), (2006). *Derecho constitucional para el siglo XXI,* España: Aranzadi.

PRIETO Sanchís, Luis, (2007). "Derecho y moral en la época del constitucionalismo jurídico", *Revista Brasileira de Direito Constitucional,* Río de Janeiro, núm. 10.

—, 1997). *Lecciones de teoría del Derecho,* Madrid: McGraw-Hill.

—, (1992). *Sobre principios y normas. Problemas del razonamiento jurídico,* Madrid: Centro de Estudios Constitucionales.

PUYOL González, Ángel, (2006). "¿Qué hay de malo en la discriminación?", *Isonomía,* Alicante, núm. 29.

QUIJANO Álvarez, Alejandro, (2008). Las sentencias de los tribunales constitucionales locales en México dictadas en los juicios de protección de derechos humanos: su impugnabilidad o no mediante el juicio de amparo, Revista Iberoamericana de Derecho Procesal Constitucional, núm. 10, julio-diciembre.

RABELL García, Enrique. *Constitucionalismo Local,* H. Legislatura del Estado de Querétaro, México 2000.

RECOPILACIÓN DE LAS LEYES DE LOS REYNOS DE LAS INDIAS, México, Escuela Libre de Derecho-Miguel Ángel Porrúa, 1987.

RÍOS Figueroa Julio Antonio, (2004). El surgimiento de un poder judicial efectivo en México: gobierno dividido y toma de decisiones en la SCJN, 1994-2002, IFE, Octubre.

RIVERO Weber Paulina y Ruy Pérez Tamayo, (2007). Ética y bioética en La construcción de la bioética, FCE, México.

RODRÍGUEZ, Jorge y SUCAR, German, (1998). "Las trampas de la derrotabilidad. Niveles de análisis de la indeterminación del derecho", *Analisi e Diritto.*

RODRÍGUEZ-Magariños, Faustino Gudín, (2010). "Acerca de la interacción de las leyes físicas sobre el ordenamiento jurídico", *Revista Telemática de Filosofía del Derecho,* núm. 13.

ROLLA, Giancarlo, (2002). *Derechos fundamentales, Estado democrático y justicia constitucional,* México: IIJ-UNAM.

RUBIO Llorente, Francisco, (1993). *La forma del poder. Estudios sobre la Constitución,* Madrid: Centro de Estudios Constitucionales.

—, (1991). "La igualdad en la jurisprudencia del tribunal constitucional", *Revista Española de Derecho Constitucional,* núm. 31.

SAAVEDRA Camilo, (2012). Designar hoy para cosechar mañana: la importancia de la selección de los ministros de la SCJN, Letras libres, octubre.

SANDEN, Joachim, (2003). "Methods of interpreting the Constitution: Estonia´s way in a increasingly integrated Europe", *Juridica International,* University of Tartu.

SARTORI, Giovanni, (1988). *Teoría de la democracia,* ed. 2da., Madrid: Alianza.

SCHEDLER, Andreas, (2003). *¿Qué es la rendición de cuentas?,* México: IFAI.

SCHMILL, Ulises, (2003). "La norma fundante básica y el origen conceptual de la normatividad", *Analisi e diritto 2007,* Universitá degli studi di Genova, Facoltá di Giurisprudenza.

SALINAS Sandoval, María del Carmen, (1997). "Oposición al imperio de Iturbide", en Documentos de Investigación, 2, El Colegio Mexiquense. Recuperado de: <http://polux.cmq.edu.mx/libreria/index.php?option=com_docman&view=download&alias=136-di0020095&category_slug=docum-investigacion&Itemi d=189&accept_license=1>

SILVA García, Fernando, (2012). Deber de ponderación y principio de proporcionalidad en la práctica judicial, Porrúa, México.

SILVA Meza Juan N., (2013). Informe de labores del Poder Judicial de la Federación.

SÁNCHEZ Santiró, Ernest, (2014). *El orden jurídico de la fiscalidad en la real hacienda de Nueva España: Un análisis a partir de la calidad, el estado y la clase de contribuyentes.* Espacio, tiempo y forma. Serie IV. Historia moderna, Núm. 27. Recuperado de: http://revistas.uned.es/index.php/ETFIV/article/view/13702

—, (2004). *Fiscalidad, administración y territorio. La renta de alcabalas en el tránsito de la Colonia a la Independencia (1754-1838),* Historias. Revista de la Dirección de Estudios Históricos, Núm. 58, mayo-agosto. Recuperado de: https://www.jstor.org/stable/10.1525/msem.2008.24.2.399

TENA Ramírez, Felipe, *Las leyes fundamentales de México.* Recuperado de: https://archivos.juridicas.unam.mx/www/bjv/libros/7/3370/3.pdf

http://aleph.academica.mx/jspui/handle/56789/28571.

TOMÁS y Valiente, Francisco, (1994). "La resistencia constitucional y los valores", *Isonomía,* Alicante, núm. 15-16.

TIMOTHY E. Anna, *El Imperio de Iturbide.* Recuperado de:

TROPER, Michel, (2003). "El poder judicial y la democracia", *Isonomía,* Alicante, núm. 18.

VÁZQUEZ, Rodolfo. (Com.), (2007). Corte, jueces y política, Fontamara, México.

VITALE, Ermanno, (2002). "Reflexiones sobre el paradigma de los derechos fundamentales", *Isonomía,* Alicante, núm. 16, abril.

ZAGREBLESKY, Gustavo, (1995). *El derecho dúctil. Ley, derechos, justicia,* Madrid: Trotta.

ZOLO, Danilo, (2006). "Libertad, propiedad e igualdad en la teoría de los derechos fundamentales", *Isonomía,* Alicante, núm. 22.

ZORAIDA Vázquez, Josefina, (2011). "La educación al tiempo de la independencia y sus antecedentes" en Estado nación en México: Independencia y Revolución, Esaú Marques, Rafael Araujo y Rocío Ortiz (Coord.), Selva Negra, UNICACH, Chiapas.

—, 2009). *De la independencia a la consolidación de la república en Nueva Historia Mínima de México,* México, El Colegio de México.

Leyes

Constitución Política de los Estados Unidos Mexicanos

Constitución Política del Estado Libre de Querétaro

Ley Orgánica del Poder Judicial del Estado de Querétaro

Semanario Judicial de la Federación

Discos ópticos de la SCJN

Páginas electrónicas

www.scjn.gob.mx

www.monitorjudicial.itam.mx

https://archivos.juridicas.unam.mx/www/bjv/libros/4/1510/18.pdf

file:///C:/Users/Luis/Desktop/2.%20Capitulo%20de%20libro.%20Congreso%20CAC/cnije_2021_resultados%20(1).pdf